PREMIER
ET
SECOND VOYAGES
DE
MILORD DE ***,
A PARIS.

AVIS.

CET Ouvrage, fait par un Anglais pour l'instruction de ses Compatriotes, sera d'une grande utilité pour tous les Etrangers & Provinciaux qui, faute d'expérience, peuvent au moindre pas tomber entre les mains de ces dévaliseurs, mâles ou femelles, qui courent continuellement après les nouveaux débarqués. Il seroit même important que les parens remissent cette Relation entre les mains de ceux qu'ils envoient dans la Capitale; la lecture les tiendra plus sur leurs gardes, que tous les conseils qu'on leur donne avant le départ.

PREMIER
ET
SECOND VOYAGES
DE
MILORD DE ***.
A PARIS,

Contenant LA QUINZAINE ANGLAISE, & le retour de Milord dans cette Capitale après sa majorité.

PAR LE CH. R***.

TOME PREMIER.

A LONDRES.

M. DCC. LXXXII.

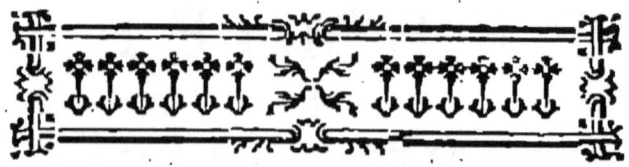

PREMIER
ET
SECOND VOYAGES
DE
MILORD DE***
A PARIS.

QUINZAINE ANGLAISE.

PREMIERE JOURNÉE.

De mon arrivée à Paris, & mes premieres connoissances dans cette Capitale.

J'en suis à mon second voyage à Paris depuis six ans; le premier fut de quinze jours. J'ai passé plus de cinq bonnes

Tome I.   A

années à réfléchir fur les folies que j'y avois faites en deux femaines, & je viens de me déterminer à en publier le récit; pour l'inftruction de mes pauvres Compatriotes que j'ai la douleur d'y voir marcher fur mes traces. Je vois cette Capitale avec des yeux bien différens, après un luftre. J'atteignois à peine alors à ma dix-huitieme année; j'efpere que, pour mon honneur, on daignera s'en fouvenir à chaque ligne de la très-humble confeffion qui va fuivre.

En 177... je partis de Londres avec le train, l'équipage & les difpofitions de la plupart de nos étourneaux, c'eft-à-dire avec un bon carroffe, deux valets Anglais, un Valet de chambre Provençal, & des lettres de crédit très-confidérables. Leur produit étoit deftiné à me défrayer pendant le cours entier de mes voyages, qui devoit embraffer plufieurs des grands États de l'Europe; mais malheureufement je commençois par la France, & il ne fervit qu'à me faire traiter de Milord, pendant un période bien court, par toutes les Courtisanes, Chevaliers d'industrie, Savoyards des carrefours, & gens subalternes de toute espece de la Capitale.

Arrivé à Calais, je rencontrai M. S.... Après y avoir arrêté un de ces valets interpretes que l'on a coutume d'y prendre pour suppléer à l'ignorance de la langue des domestiques Anglais que l'on a avec soi, nous prîmes la route de Paris. Malgré l'habileté & l'effronterie de mon Provençal, je grossis ma suite d'un de ces hommes : il nous mena sans accident jusqu'à l'Hôtel du P. R., fauxbourg Saint-Germain.

Cette maison m'avoit été recommandée à Calais par le sieur Desai*** comme le pied à terre de tous les Seigneurs de notre Nation, & le seul Hôtel qui convînt à un homme qui voyageoit en berline & portoit douze mille livres sterling (*a*) dans son porte-feuille. Ma vanité avoit ouvert de grandes oreilles,

---

(*a*) Environ 300,000 livres.

& malheureusement j'avois toutes les dispositions du monde à être la dupe de la pompe & de la vogue d'un Hôtel garni.

Le sieur Béarn, l'Hôte le plus civil & le plus courtois, vint me recevoir à ma descente de carrosse : dès ce moment, il me dora la pilule par des politesses si soumises & qui portoient un caractere d'honnêteté si touchant, que j'eus lieu de me croire chez l'homme de France au moins le plus obligeant, si je n'étois pas chez celui qui avoit le plus de probité. Mon engouement étoit si grand, que, semblable au Bourgeois-Gentilhomme de Moliere, je lui aurois donné avec plaisir une guinée pour chaque révérence qu'il me détachoit. Elles se suivoient si rapidement & étoient si multipliées, qu'il auroit vidé ma bourse encore plus vîte que le garçon Tailleur n'épuisoit celle de M. Jourdain.

La tête baissée & le corps courbé à demi, mon Hôte, un flambeau à la main, marchoit avec un profond respect devant moi : il m'introduisit dans un bel & spacieux appartement au premier étage. Après m'en avoir fait considérer l'élégance & la commodité, il me déclara que je n'en paierois que quarante louis d'or par mois; à cette proposition, il joignoit la liste de tous les Pairs d'Angleterre qui s'en étoient contentés aux mêmes termes, & conclut son discours par une insinuation également adroite & gracieuse, des gratifications que lui avoit valu la satisfaction qu'ils avoient eue de ses services, & qu'ils avoient jointes, en partant, à un prix aussi modéré. J'avois trop d'ostentation & d'ignorance, pour contredire le perfide Aubergiste. Je restai donc en possession du premier étage, & lui de la certitude de quarante guinées par mois, sans compter les spéculations qu'il fondoit d'avance sur ma cuisine, mes équipages, & sur toutes les extravagances que j'avois bien l'air de faire pendant mon séjour.

Après avoir passé la nuit dans un profond sommeil, doucement occupé des rêves agréables que l'avant-goût de

Paris me caufoit, je fus éveillé par un des deux valets de louage que la prévoyance du fieur Béarn avoit ajoutés à mon train. Il m'annonça que le Docteur *** étoit déjà venu dans l'intention de me préfenter fes refpects, & qu'il s'étoit informé, avec la plus tendre follicitude, de l'état de ma fanté ; mais que, pour ne pas interrompre mon fommeil, il avoit remis fa vifite à midi. Il étoit alors dix heures du matin tout au plus ; je ne connoiffois pas le Docteur ; j'avois peine à deviner quel intérêt il prenoit à une exiftence dont il ne pouvoit être informé que depuis quinze heures : je réfolus néanmoins d'attendre un homme auffi prévenant ; je m'en promis peut-être quelque utilité, ou au moins quelques facéties dignes de l'efprit léger de la Nation que je venois étudier la premiere.

Je l'attendis donc. Pendant les deux heures qui s'écoulerent jufqu'à fon retour, je fus affailli par une foule de Marchands, Marchandes, Hiftrions, Tailleurs, Maîtres de Langues, Maîtres de danse. Peu rompu alors au train & aux usages du monde, la seule conséquence que je tirois de toutes ces visites intéressées, étoit d'attacher à mon individu une sotte importance, qui ne pouvoit être que le délire de ma jeunesse & de ma vanité : le Docteur parut enfin, & vint fortifier ce sentiment. Je m'étendrai un peu sur la description de ce personnage, parce qu'il a eu une grande part à toutes les extravagances qui ont signalé mon début dans le monde. Qu'on s'imagine une physionomie où se peint un mélange d'effronterie qu'on prend d'abord pour simple assurance, avec un souris qui, au premier coup-d'œil, exprime un zele officieux & tempéré de respect, mais où il n'est pas difficile de démêler bientôt la politesse niaise & affectée d'un intrigant subalterne & sans esprit ; une petite tête enveloppée de deux boucles de la grosseur du bras & de la longueur de quinze pouces, qui, partant des sourcils, vont s'étendre, dans un sens circonflexe, à trois doigts au dessous des oreilles, pour se rejoindre ensuite derriere la nuque, où elles forment un énorme volume; le tout lissé, pommadé à plaisir, & servant de coquille à un chef mince qu'il faut chercher dans l'édifice de cette ample frisure. On l'y trouve bien enfin ; mais on y chercheroit vainement de la doctrine ou de la cervelle. La tête à perruque que je viens de décrire, a pour support un corps alongé en échalas vers le haut, & dont les membres se grossissent par le bas : leur ensemble forme un tout d'environ sept pieds d'Angleterre ; cette machine étoit revêtue d'un habit dont le goût recherché annonçoit au moins un Marquis. Une longue épée battoit contre la place où il y auroit dû avoir des mollets; des doigts effilés, placés au bout d'une main large, étoient ridiculement chargés de bagues de quelque valeur ; j'ai appris depuis qu'elles étoient autant de récompenses de services rendus à d'opulens compatriotes ; j'aurai occasion par la suite d'en indiquer la nature. Le fracas de vingt breloques m'annonça, dès l'anti-chambre, quelque chose qui devoit ressembler à un mulet, mais qui n'avoit que des rapports moraux à la famille de cet animal. Tel étoit l'extérieur du Docteur. Quand il m'eut décliné ses qualités & se fut annoncé pour un Membre de la Faculté, je ne pus m'empêcher de me rappeler qu'on m'avoit prévenu en Angleterre, qu'à mon arrivée en France je trouverois tout plus singulier & élégant que raisonnable & profond. Je fis asseoir le brillant Esculape, & lui présentai du thé que j'avois encore devant moi, attendant avec impatience qu'il s'expliquât sur le motif qui m'attiroit sa visite.

Le Docteur s'exprimoit avec facilité en Anglois; mais son accent n'étoit pas pur: je le jugeai d'abord J.... il ne tarda pas long-temps à me le confirmer lui-même. Après les complimens usités dans les premiers momens d'une nouvelle connoissance & des offres générales de service, il poursuivit ainsi : ″ Milord me paroît se proposer quelque séjour en cette Capitale ; à son âge, on vient y chercher le plaisir, & on manque rarement de l'y trouver; mais il est essentiel d'y avoir une société sûre, on ne sauroit même mettre trop de délicatesse dans le choix qu'on en fait. Il faut aussi prendre au moins une teinture de la langue. Je serois infiniment flatté de mériter assez sa confiance, pour qu'il voulût bien s'en rapporter à moi sur ces objets ». A ce préambule obligeant, il joignit le catalogue de tous les Pairs & de tous les Gentilshommes Anglais avec qui il avoit eu des liaisons : je reconnus les noms d'un grand nombre de parens, d'alliés, ou d'amis. Cela donna plus de chaleur à notre entretien; il me parla alors de leur reconnoissance & de leurs libéralités. Il m'étala même des bijoux & des portraits qu'il caractérisoit de précieux souvenirs de ses chers amis Milord tel, Monsieur tel, Sire tel. Séduit par ces gages de leur amitié pour lui, & par la chaleur des offres qu'il me faisoit, je me sentois insensiblement disposé à lui donner ma confiance & à me régler sur ses avis, dans le pays inconnu où je m'étois jeté. Je le priai donc d'accepter mon dîner ; il me promit de rompre un engagement important, pour me faire ce plaisir, & sortit en m'assurant que bientôt il reviendroit me tenir compagnie.

A peine le Docteur eut-il tourné le dos, que mon valet interprete & les deux laquais de louage que je tenois du maître du logis, vinrent faire *chorus* de ses louanges à mes oreilles. Ils s'épuisoient en éloges sur un personnage qui mêloit si réellement l'utile à l'agréable. Tout cela se débitoit avec si peu d'affectation & tant d'adresse, qu'il m'a fallu des faits pour me persuader de l'intelligence des Panégyristes avec le Saint. Ce n'est pas à dix-huit ans qu'on devine que les intrigans en chaussette acherent la réputation des fripons en livrée. Dans les discours de cette éloquente valetaille, il étoit autant question pour le moins des parties de plaisir que le Docteur avoit liées, que des cures qu'il avoit faites. Il est vrai que les unes venoient assez à la suite des autres. Je digérois cependant mon déjeûner, en lisant nonchalamment *le Guide des Etrangers*, ou *l'Almanach de Paris*, tandis que M. Toupet donnoit à ma tête un tour à la Françoise, & épuisoit l'art profond de mettre des papillotes. Cette utile occupation emporta deux heures de mon temps, & consomma une partie de celui que le Docteur employoit à ses visites dans le quartier. Les Anglais abordent en foule dans le fauxbourg Saint-Germain: de tous ceux qui y arrivent avec quelque apparence de distinction, pas un n'échappe à son attention. Heureusement il n'entreprend jamais de les guérir de ces maux qui peuvent avoir des conséquences mortelles, & dont la guérison exigeroit une grande sagacité médicale; j'ai observé même, depuis que je suis revenu sur son compte, qu'il déclinoit adroitement tout ce qui étoit d'une nature scabreuse & compliquée, pour se renfermer & se rejeter sur certaines maladies d'aventure. Sa pratique doit y être

être d'autant plus lumineuse, que, tandis qu'il les guérit d'une main, il les multiplie de l'autre.

A trois heures précises, il arriva : le sieur Béarn nous fit servir à un prix exorbitant un très-mince dîner. Le Docteur s'échauffa à cette vue, &, d'un ton de maître, que je n'aurois pas pris, il gronda plus haut que je ne l'aurois fait moi-même. Dès cet instant, il s'érigea en arbitre dans ma maison. Par reconnoissance pour le mécontentement qu'il faisoit éclater de me voir aussi mal servi, je crus devoir en prévenir l'excès. — Docteur, lui dis-je, la chere est mauvaise ; mais, en récompense, je crois que nous pourrons nous rejeter sur d'excellent vin de Bourgogne.—Voyons, dit-il tout en feu : en parlant ainsi, il se fit donner un verre qu'il porta à ses levres. D'où vient ce vin-là ? poursuivit-il brusquement. Un valet de louage lui répondit en tremblant, qu'il venoit du *Pontac*. Poison détestable, s'écria-t-il, & digne du maudit cabaret où il fut composé ! puis s'adressant à un de mes

Tome I.   D

gens, il demanda plume, encre, &
papier ; ayant tracé quelques mots :
»Tenez, dit-il, courez chez J... Marchand
de vin du Roi, qu'il envoie à Milord
cent flacons du meilleur Pomar, en
attendant que je lui donne demain des
ordres pour un affortiffement «. A fa
voix, le valet fouple & obéiffant difparut
comme l'éclair. Moi, ignorant des
reffources & des intelligences de l'obligeant Médecin, je demeurois interdit d'admiration, d'aife & de reconnoiffance.

Tandis qu'il prenoit en main les rênes
du gouvernement de mon domeftique,
il dévoroit. Ce ne fut qu'après un
travail confidérable des dents & de la
mâchoire, que fa converfation fe rani-
ma : il noya dans un torrent de paroles
les noms des illuftres qu'il alloit em-
ployer à mon éducation, des ouvriers
les plus parfaits en tout genre qu'il fe
propofoit de raffembler pour me fervir.
Chaque phrafe avoit pour refrain : *Ne
vous inquiétez pas, je me charge de
ceci, je réponds de cela.* Enfuite venoit
la chronique fcandaleufe de toutes les

jolies intrigues de nos Milords avec les Beautés de l'Opéra : qui avoit eu celle-ci ; qui avoit commencé à produire celle-là ; les extravagances faites pour elles ; les qualités brillantes & la célébrité de ces Dames, leurs défauts, leurs agrémens, le danger de quelques-unes, mille anecdotes jolies, mille traits plaisans : tous ces détails animoient ma curiosité, ils égayerent le reste du repas. Dès que nous nous fûmes levés de table, prenant un ton sérieux & important : Quel est, s'il vous plaît, votre Banquier, Milord ? dit le Docteur. — M. G.... —Tant pis ; je suis fâché que ce ne soit pas *** : cela est étonnant. Il est peu d'Anglais de votre distinction & de votre caractere, qui ne lui soient recommandés. Outre la plus grande probité & le plus grand zele pour vos affaires, cela vous procureroit encore des liaisons avec une maison que l'esprit & les talens du maître du logis ne rendent pas moins agréable que la compagnie nombreuse & choisie que le jeu y rassemble. — Le jeu ! comment ! chez un homme dont la confiance doit sans cesse venir remplir la caisse ! —Principes de votre lourde & scrupuleuse Patrie ! Un esprit vraiment spéculatif fait du jeu une branche réelle de commerce. Dites-moi, s'il vous plaît, Milord, quelle différence trouvez-vous entre ce que l'on hasarderoit au trente & quarante, & ces spéculations vagues & incertaines que l'on fait dans vos fonds publics ? — Mais dans nos fonds, nous n'approuverions pas trop qu'un Banquier, dépositaire de ceux d'autrui, s'exposât à les distraire par des paris ruineux, dont les profits auroient été pour lui seul. —Bon ! on ne distrait rien ici, on y ramasse au contraire sans cesse & de toutes manieres. Vos crédits, poursuivit-il, sont sans doute considérables ? —J'ai environ douze mille livres sterling sur Paris. Cette indiscrétion, où il entroit bien pour le moins autant de vanité que d'inexpérience, satisfaisoit essentiellement la curiosité du Docteur, & donnoit carriere à ses vûes. Belle somme, répliqua-t-il avec chaleur ;

c'est de quoi acheter toute cette Capitale ! eh bien ! je vais vous présenter chez le Baron de *** : vous y verrez la meilleure & la plus grande compagnie ; c'est un homme d'un mérite distingué, qui a des talens supérieurs : il leur doit une fortune immense, & peut aspirer aux premiers honneurs dans un pays qu'il étonne par la nouveauté & la profondeur de ses vûes. Vous rencontrerez chez lui quantité de personnes de distinction ; plusieurs parlent votre Langue : ainsi vous pourrez passer agréablement votre temps en attendant que les leçons de M. l'Abbé F*** vous aient mis à portée de tenir votre coin dans les sociétés Françaises. Je remerciai le Docteur de tant de bons offices.

Il se leva, & tirant le cordon de la sonnette : Il faut, dit-il, que j'examine quel équipage le maître du logis vous fournit ; abandonnez-moi tous ces petits soins-là : je m'en chargerai volontiers ; je ferai en sorte que l'on ne vous en impose en rien. Voyez, ajouta-t-il avec empire à celui de mes gens qui parut, voyez si le carrosse de Milord est prêt ; & sans attendre sa réponse : Descendons, dit-il en se tournant vers moi ; il est six heures, nous ferons un tour à l'Opéra, de là nous irons chez le Baron de ***.

Je m'embarquai sous la conduite du Mentor singulier qui s'emparoit ainsi de ma personne. Un très-bon carrosse de louage, dont le derriere étoit surchargé de tous mes valets, armés de cannes par les soins du Docteur, nous mit dans un instant à la porte du Palais Royal. Mon guide me fit descendre, & sans me donner le temps de considérer cet édifice, après avoir pris lestement des billets d'entrée des mains du plus fringant de mes valets de louage, qui lui obéissoit au clin d'œil, il m'entraîna avec précipitation dans la salle du Spectacle. Il se plaça à côté de moi dans un des balcons qui touche à la scène. La toile ne tarda point à se lever. Je vis pour la première fois ce composé monstrueux de musique lourde & bruyante, sans goût & sans chaleur, & de cabrioles sans expression, que l'enthousiasme Français prend & donne pour le premier des Spectacles. Cédant à l'ennui qui me dévoroit, je me mis à parcourir tous les coins de cette salle immense, & je finis par laisser tomber mes yeux sur mon compagnon : les siens étoient occupés ; j'observai un air d'intelligence entre leurs regards & ceux de quelques-unes des Divinités qui voltigeoient sur le théatre. Toutes les fois que quelques figures des ballets ramenoient celles-ci à notre portée, elles sembloient aussi considérer beaucoup l'air & l'attirail Anglais dont j'étois encore affublé.

Vous me paroissez, me dit le Docteur, ne prendre que très-peu de plaisir à l'insipide tintamare de cette musique Françaife. Mais, ajouta-t-il avec un sourire expressif, si les scènes qui se passent sur le théatre causent quelque ennui, on en est amplement dédommagé par celles qui ont lieu derriere les coulisses. A ces mots, il me tend la main, & enjambant par-dessus les trois bancs qui étoient entre nous & la sortie, il m'entraîne au foyer. Je ne tardai point à être convaincu du cas qu'on y faisoit de lui, & de l'inclination judicieuse & naturelle qu'a tout cet essaim dansant pour les jeunes Anglais qui en sont à leur premier tour de France.

La ***, La ***, La ***, venoient de terminer un pas de trois; en rentrant, elles apperçurent mon guide, dont l'individu alongé excédoit de deux pieds un groupe de Petits-Maîtres occupés à présenter l'or & l'encens à ces Déesses. J'étois à côté de lui : l'ampleur de ma cravate, la longueur des basques de mon habit, je ne sais quel air roide & niais dont nous ne nous défaisons qu'un an après la sortie d'Oxfort ou de Cambridge, & au moins six mois de séjour à Paris, tout cela affichoit mon pays sur tout mon individu. Les clignotemens du Docteur, que j'étois encore trop neuf pour observer ou pour apprécier, assuroient les plus intelligentes que je pouvois pousser plus loin mes offrandes. Aussi la troupe dorée des

Marquis fut bientôt abandonnée à son désespoir, & le Milord entouré & lorgné sans miséricorde. Je ne savois pas que le Médecin me préparoit, pendant ce temps-là, l'agréable surprise d'un souper avec deux des plus jolies Nymphes de la bande, qui m'avoient lâché, avec quelques mots d'un Anglais estropié, des œillades assassines. Pour masquer plus adroitement le coup de maître qu'il venoit de faire, il se hâta de m'entraîner hors de ce lieu d'enchantement, en me disant qu'il étoit temps de nous rendre chez le Baron de ***.

En un moment nous arrivâmes à la porte de son Hôtel. Le Docteur traversa devant moi toute la maison, avec la même franchise & la même liberté que s'il fût entré chez lui. Après avoir passé par plusieurs pieces remplies de gens à différentes livrées, il me fit appercevoir le Baron qui étoit venu me recevoir jusqu'à la porte d'une premiere antichambre. C'étoit un homme posé & à mine flegmatique, dont la tête forte & étoffée portoit un air de système jusque dans ses révérences & son accueil. Sa voix forte & pesante sortoit avec lenteur, & suivoit une mesure lourde & monotone qui mettoit le ton d'une prudence excessive jusque dans son bon jour.

Le Baron m'introduisit lui-même dans un sallon où, à travers les flots tumultueux d'une assemblée nombreuse & l'embarras d'un grand nombre de tables de jeu, je pénétrai jusqu'à la Baronne. La figure & l'air en dessous de celle-ci, faisoit le pendant de son époux. A peine se donna-t-elle le temps de répondre à mon premier compliment, qu'étalant un jeu de cartes, elle me pressa d'en prendre une, pour me placer à un Wisth qui sembloit m'attendre là par un décret des destinées. Jamais je n'étois entré dans une maison où l'on fît si peu de dépense en conversation, & où l'on se trouvât situé si promptement entre les Rois de pique & de carreau. Je me soumis à l'usage, & commençai une ennuyeuse partie avec trois inconnus ; une fille âgée, dont le babil intarissable développoit les prétentions; un Abbé au regard avide, dont l'attention au jeu paroissoit surpasser celle qu'il mettoit à son bréviaire; & un vieux Militaire, à qui l'âge n'avoit pu imprimer la bonhomie sur la figure, tant son air usé & patelin trahissoit sa simplicité affectée. Je jouois avec distraction, au grand regret de la beauté surannée que j'avois en face, & portois malgré moi un coup-d'œil sur toutes les parties de l'appartement, & sur les divers originaux dont il étoit rempli. C'étoit le plus étrange composé que j'eusse vu de mes jours: je n'étois point alors en état de le définir comme je l'ai été depuis, quand j'eus connu en détail une partie des personnages, & vérifié par une triste expérience, la justesse de la dénomination du *paquebot,* qu'un plaisant a donné à cet Hôtel. Tout ce que je vis dans ce premier instant, c'est que la base des occupations de la maison n'étoit pas moins la politique que le jeu ; car je vis nombre de brochures Anglaises & de gazettes disperſées çà & là. La Sagane empanachée & au moins quinquagénaire, qui étoit malheureuſement ma *partner*, s'irritoit néanmoins de mes diſtractions : à chaque point que ma balourdiſe lui faiſoit perdre, elle pouſſoit un ſoupir avec lequel je croyois ſon ame prête à paſſer, ou un cri plus aigre que celui de nos orangeres de *Cheapſide*. Je riois intérieurement, tout en lui demandant très-humblement pardon. Enfin, nous en fûmes quittes pour quelques louis d'or, & pour une ſyncope qui la rendit pourpre pendant trois minutes.

L'aſſemblée s'apprêtoit à s'écouler ; le maître du logis demanda ſi quelque cavalier n'auroit pas la complaiſance de remener Mademoiſelle *** juſqu'à ſon couvent : c'étoit ma *déſolée aſſociée*. L'obligeant Docteur, qui s'étoit déjà mis en poſſeſſion de tout ce qui m'apparte-noit, diſpoſa en cette occaſion de ma perſonne & de mon carroſſe. Je ne pûs réſiſter au ton ſupérieur qu'il y mit. Je préſentai la main à la vieille avec le

moins

moins de mauvaife grace poffible, & nous fortîmes de l'appartement.

Je m'apperçus que, radoucie par cette complaifance, l'impreffion de mes fautes au jeu commençoit à s'effacer de fon efprit. En roulant depuis l'Hôtel de *** jufqu'à fon monaftere, je reconnus l'excès de fon indulgence, & en fa faveur je paffai fur l'énormité de fes prétentions : je la quittai, avec permiffion de lui aller faire ma cour. Elle étoit d'autant plus flatteufe, que je n'avois pas eu la peine de la demander, & qu'elle me prouva combien l'âge avancé étoit prévenant chez les Belles.

A peine étions-nous montés en voiture, que le Docteur dit avec chaleur au Cocher, d'aller dans la rue de Richelieu; il fouetta, & nous volâmes.

Mon cher ami, me dit alors mon compagnon en me ferrant la main, j'ai réfolu de vous faire racheter tout l'ennui que vous avez pu dévorer ce foir, par un des plus jolis foupers de

Paris : un homme comme vous doit partager fa vie entre les fociétés férieufes & l'agréable extravagance de ce qu'on appelle parties fines. Vous êtes jeune, vous avez de l'efprit & de la figure : fix mois de ce train-là, & vous allez laiffer bien loin derriere vous le Marquis de ***, & M. de ***, les deux plus agréables Seigneurs de France; cela fera, fans contredit, beaucoup d'honneur à l'Angleterre. — En vérité, mon cher Docteur, vous êtes le meilleur & le plus complaifant de tous les hommes. Il eft fort heureux, pour un étranger, de faire une rencontre auffi rare. Que vous êtes obligeant ! — Oh ! Milord, répliqua précipitamment le Docteur, outre que tel eft mon naturel, je partage tous les agrémens que je puis procurer à mes compatriotes : cela ne m'a jamais rien couté, tout au contraire. — C'eft une preuve de la bonté de votre cœur, lui dis-je. Je n'ai point l'efprit méchant, & j'étois trop aveuglé pour donner à la derniere phrase du Docteur, son sens stricte & littéral.

Mon carrosse s'arrêta, nous descendîmes. Le Docteur me précédoit par un escalier assez étroit & fort obscur; il nous conduisit à une antichambre fort propre & très-bien éclairée au premier étage. Deux valets sans livrée, mais très-bien vêtus, y étoient de garde: l'un des deux demanda mon nom, &, sur la réponse de mon introducteur, les deux battans du sallon s'ouvrirent soudain. Mes yeux furent frappés par un luxe recherché & voluptueux que l'on ne connoît qu'à Paris, & dont toutes les ressources sont prodiguées, sur-tout dans les lieux semblables à celui où je me trouvois. Trois femmes composoient toute la compagnie; elles vinrent avec épanouissement au devant de mon guide, & eurent pour moi la politesse la plus empressée. J'en reconnus une pour la Demoiselle ***, que le Docteur m'avoit nommée au soir à l'Opéra. La seconde étoit une camarade;

elle appeloit la troisieme sa maman ; elle avoit en effet l'âge bastant & l'air de matrone qui convenoit à ce rôle-là. Je m'apperçus que la Demoiselle *** étoit la Sultane qui régnoit dans ce Palais. Je remarquai bientôt une intelligence entiere entre la Douairiere & le Docteur. Ils se parloient à l'oreille, & pendant ce temps-là, les yeux de la vieille se fixoient sur moi en dessous. A mesure qu'il paroissoit mettre plus de chaleur dans son discours, la physionomie surannée de la Harpie prenoit un air avide qui la faisoit ressembler à un dogue qui guette un os. La compagne de la Demoiselle *** s'appeloit Julie ; elle étoit moins jolie : c'est une politique dans tous les Coryphées de l'Opéra, de ne s'accoupler qu'ainsi. Toutes les fois qu'un homme de quelque consideration, & celle-ci se mesure par la bourse, est attendu, & qu'on a sur lui des projets, s'il doit être accompagné par un Docteur ou quelque autre personnage de cette espece, il se trouve toujours une

Beauté d'un rang inférieur qui échoit au lot de l'Ecuyer. — Eh bien ! Milord, me dit la *** en m'abordant d'un air & d'un ton badin, comment trouvez-vous Paris ? les femmes vous paroissent-elles jolies ? vous aurez assurément déjà formé quelque engagement de cœur. Un Seigneur jeune & aimable comme vous, n'y peut guere rester un moment oisif. A ce doux compliment, je ne répondis autre chose, si ce n'est : *Oh ! Madame, point du tout ;* & cela avec une prononciation aussi comique qu'inintelligible pour les oreilles Françaises, accompagnée d'une nigauderie stupide, en jouant des doigts sur les cornes de mon chapeau, & me tenant roide comme un piquet : mon air gauche & emprunté auroit fait sur toute autre des impressions fâcheuses ; mais les savantes de l'Opéra aiment à nous dégourdir, & se font bien payer leur temps & leur indulgence.

Mademoiselle *** me fit cinquante agaceries sur le même ton ; j'y répondois par la fade répétition de mes trois monosyllabes. On me trouvoit cependant charmant, & sur-tout une physionomie très-spirituelle. Je voyois l'instant même où l'on alloit me faire des complimens des belles choses que je disois. J'avoue que dans mon ivresse imbécille, j'aurois avalé cela aussi dru que les sornettes du Docteur.

La Beauté lutine qui m'avoit entrepris, se tournant d'un air languissant vers le Docteur, dit avec un soupir : Milord est bien aimable, mais il est bien froid : ah ! sans doute il connoît la belle du T***, c'est la beauté de ces Messieurs, ils ne voient de charmes dignes d'eux que les siens. Je ne crois pas, reprit le Docteur, que Milord en ait la moindre idée ; d'ailleurs il a de trop bons yeux pour ne pas vous rendre justice. Comme cette partie de la conversation paroissoit m'être échappée, & que je promenois de grands yeux qui cherchoient à comprendre, il se hâta de m'en faire la traduction. En vérité, ajouta-t-il, & sans flatterie, il y a bien de la différence : Mademoiselle D***

est en même temps & la plus belle créature de Paris, & celle qui est la plus exempte de ces sentimens qui avilissent souvent la beauté. Ceci étoit prononcé avec feu, j'y répondis de même; la Demoiselle *** m'observoit. — Parlez donc Français, Milord, me dit-elle avec pétulance & en me donnant un petit coup sur les doigts. Je priai mon Interprete de vouloir bien lui témoigner le regret que j'avois de n'avoir point la facilité de l'entretenir, mais qu'au moins, je savois assez de Français pour ne laisser échapper aucune de ses aimables saillies. Le compliment lui fut rendu assez bien pour m'en valoir bon nombre en échange. Eh bien! apprenez-moi donc l'Anglais, poursuivit-elle avec enjouement ; moi je vous apprendrai le Français. — De tout mon cœur, lui repartis-je. Elle me détacha un coup-d'œil qui me porta jusqu'à l'ame.

Un homme encore mieux vêtu que les gens de l'antichambre, que depuis j'ai découvert être au moins le pere putatif de Mademoiselle ***, vint avertir qu'on avoit servi. Allons, Milord, donnez-moi la main, dit celle-ci, & venez vous mettre auprès de moi. —Ma fille, ma fille, s'écria la matrône, ça n'est pas joli de faire comme cela des avances aux Messieurs ! Maman, dit l'autre d'un ton folichon, c'est mon Maître d'Anglais. — Nous étions cependant dans la salle à manger. Une table servie avec élégance, étoit éclairée par douze bougies portées sur des girandoles qui s'élevoient aux quatre angles d'un surtout somptueux. Mon écoliere, nonchalamment assise sur une bergere qui tenoit le coin du feu, m'avoit fait placer si près d'elle, que j'en étois embarrassé & honteux, comme un novice que j'étois. La maman se mit au coté opposé, & le Docteur étoit entre elle & la Divinité en sous-ordre. On me servoit avec empressement des morceaux délicats, on me faisoit boire des vins fins & pétillans. A un service recherché succéda un autre dont tous les mets n'avoient pas une saveur moins délicieuse. Celui-ci fut relevé par un dessert où le vin de Champagne couloit à grands flots. Pour couronner l'œuvre & me faire la cour, on me servit du punch; la jolie main de l'hôtesse pressa les citrons, il n'étoit pas possible de refuser. Chaque instant rendoit la conversation plus vive & plus animée. Il est facile de se figurer combien peu j'étois en état d'y prendre part; j'en faisois néanmoins tous les frais. La Nymphe s'apperçut que mes sens commençoient à s'émouvoir : elle fit entendre, il faut l'avouer, un très-joli gosier & chanta un air tendre, autrement qu'on ne le fait à l'Opéra.

Vers une heure & demie du matin, on se leva de table : après quelques saillies qu'on ajouta aux gentillesses du souper, la maman proposa un *vingt & un*. J'ignorois ce que c'étoit. Eh bien ! nous ferons de moitié Milord & moi, dit ma jolie agaceuse; & elle m'entraîna en me prenant sous le bras, vers une table à tapis vert qui se trouvoit à deux pas. On sonna pour avoir des cartes; tout le monde prit place; je tirai une bourſe qui pouvoit contenir quatre-vingts louis d'or. Auſſi-tôt le jeu me fut remis, & je fus chargé de la banque avec ma ſémillante voiſine, qui fort adroitement me laiſſa le ſoin d'en faire les avances.

Si j'avois eu des diſtractions avant le ſouper chez le Baron, j'en eus bien d'autres ici; les pieds, les yeux, les petits coups de genoux; tout, au deſſus & au deſſous de la table, étoit occupé à les multiplier. Le vin de Champagne m'avoit enlevé la moitié de mes facultés; mais me fuſſent-elles reſtées tout entieres, tant de contacts dangereux m'en euſſent cent fois ravi l'uſage. Auſſi mes quatre-vingts louis fondirent avant la fin de ma banque. Je m'apperçus, malgré mes vertiges, que les trois quarts du gain étoient paſſés du côté de l'aviſée & diſcrete maman de ma jeune aſſociée; l'autre quart étoit entre les mains du cher Docteur & de la complaiſante bonne amie. Mon aſſociée ſe plaignoit aſſez tranquillement de ſa perte : elle voulut tirer de l'or de sa poche, pour faire un nouveau fonds. Un changement d'habillement fut un prétexte à n'avoir point sa bourse sur elle. Le Docteur, le plus poli des hommes, pour prévenir la peine qu'elle auroit prise à se lever, me passa un rouleau de cinquante louis. Ma Divinité, piquée de l'inflexibilité du sort qui s'étoit déchaîné contre ma main, voulut donner les cartes à son tour. Ce fut avec encore moins de succès que moi. Madame sa mere avoit un bonheur incroyable, rien n'y résistoit, & en deux tours de main, le rouleau du Médecin prit la même route que mon or. On eut la bonté de remettre à un autre jour la revanche, & de convenir que ce soir-là ma belle *partner* & moi, nous étions en guignon.

La belle, pendant toute la partie, avoit fait jouer entre ses doigts une boîte d'or travaillée d'un assez bon goût ; je l'avois admirée. Je témoignois le désir le plus vif de la considérer de près. Elle fut remise entre mes mains.

Après en avoir examiné le goût & le fini, je voulus la rendre : ma charmante Hôtesse n'y voulut point consentir. J'insistois, elle prit de l'humeur. Enchanté d'une prévenance aussi généreuse, j'allois témoigner au Docteur que je voulois au moins faire un échange. Dans cet instant, la belle, non moins rusée que libérale, apperçut à mon doigt un très-beau brillant qu'elle considéra avec attention en me caressant la main. Je ne sais comment cela se fit, mais il tomba naturellement de mon doigt & se trouva placé au sien. Eh bien ! dit-elle avec une ingénuité d'enfant, si Milord ne veut pas accepter ma boîte, je troquerai contre sa bague. Il n'étoit pas de la dignité d'un Pair d'Angleterre, de faire attention à la différence énorme de valeur de ces deux bijoux ; le doigt d'ailleurs étoit si joli, que, dans mon ivresse, un anneau de quinze cents guinées ne me parut pas trop précieux pour l'orner. Une libéralité aussi extraordinaire releva bien tout l'éclat du mérite qu'on m'avoit
d'abord

d'abord trouvé. Des yeux animés ne me peignoient plus qu'amour & volupté : la prudente maman prit ce moment pour annoncer avec un regard févere & d'un ton glacé, qu'il falloit se quitter. Allons, jeunes gens, dit-elle, allons, il est tard : nous avons demain une répétition à onze heures, il faut se retirer. — La familiarité ainsi établie, j'obtins la permission de prendre congé par un baiser à l'Anglaise. Moitié porté sur mes gens, moitié par mes jambes, je regagnai sur une infinité de paraboles, mon carrosse. Je revins me mettre au lit, ivre de vin, enchanté de ma soirée, & escorté du fidele Docteur à qui, avant de nous séparer, je remis le rouleau fondu chez la ***.

J'ai entendu dire quelquefois, que l'amour enlevoit le sommeil : ce n'est point celui qu'on prend dans les foyers; à l'aide d'un vin de Champagne fin & pétillant, il fait oublier dans les bras de Morphée, & les pertes & les sottises qu'on peut avoir faites la veille. Aussi je ne penſois ni à mon diamant, ni à mon argent perdu. Je ne vis dans toute ma journée que l'acquiſition de la jolie boîte d'or, & les heureux préſages des faveurs de la divine ***. La perte de tout mon porte-feuille m'auroit tout auſſi peu affecté. Nous autres pauvres Anglais, en arrivant à Paris, on nous dit que nous ſommes inépuiſables, & nous avons la ſottiſe de le croire. Enfin, j'étois enivré, je m'endormis ſans penſer à rien, & je fis, autant que je pus m'en ſouvenir, des rêves divertiſſans.

IIe. JOURNÉE.

Evénement décisif.

C'EST ainsi que s'étoit terminée la premiere journée de mon séjour à Paris. Son détail, tel que je viens de le rapporter, doit mettre au fait du caractere & des principes du Docteur ***. Les trois quarts des hommes, dans leur premiere jeunesse, dépendent de ceux qu'ils ont le bonheur ou le malheur de rencontrer; j'en suis la preuve, & quoique je puisse me consoler par le grand nombre de dupes que cet homme avoit faites auparavant & qu'il fait encore tous les jours, je suis bien honteux qu'un être dont j'ai connu par la suite la frivolité, le néant, & les traits plus qu'équivoques, soit venu à bout de me faire illusion pendant quinze jours. Quoi qu'il doive en coûter à mon amour-propre, je vais cependant continuer mon récit, pour l'instruction des jeunes Voyageurs qui séjourneront à Paris après moi.

Je m'étois couché à quatre heures du matin. A peine avois-je ouvert les yeux assez avant dans la journée, que ce digne personnage parut au chevet de mon lit. Eh bien ? Milord, me dit-il, comment avez-vous passé la nuit ? avez-vous fait des songes agréables ? — Au moins j'avois matiere. — C'est fort bien, repartit-il ; mais les plaisirs sont faits pour occuper le déclin du jour. J'ai pourvu à ce que vous ayez ce matin quelque occupation sérieuse, pour varier. L'Abbé *François* vous donnera une premiere leçon de la Langue Française, &, une heure après, le sieur *Gardel* vous donnera les élémens de l'Art qui, dans ce pays, embellit si bien la Nature, & qui, de son union avec elle, fait naître ces graces étrangeres à toutes les autres Nations. Mon cher Milord, vous n'avez besoin que d'un peu de développement pour les posséder. J'étois confus de tant d'amitié ; je remerciai l'incomparable & obligeant Docteur,

& me précipitai hors de mon lit pour déjeûner avec mon digne conseil.

Mes Maîtres vinrent ensuite ; je fis mon apprentissage de Français & de danse. Les deux Virtuoses qui travailloient à mon éducation, me parurent des Phénix ; l'un par sa politesse admirable & son joli grasseyement ; l'autre par ses graces inimitables. Je donnai ensuite quelques heures à ma toilette, & m'étant revêtu d'un habit également riche & élégant, que le Tailleur du cher Docteur venoit de m'apporter avec cinq ou six autres du dernier goût, je voulois me montrer au Palais Royal, où j'ignorois que le prévoyant Médecin m'avoit préparé des admirateurs.

Une douzaine au moins des personnages que j'avois remarqués la veille chez le Baron, partagés en différens grouppes, étoient dispersés le long de la grande allée. Je ne fus pas trois minutes sans être abordé : le vieux Militaire & l'Abbé, qui m'avoient gagné quelques louis d'or au Wisth, s'empresserent des premiers. L'un des deux, plus qu'octogénaire, paroissoit néanmoins jouir d'une santé d'autant plus soutenue que son ame étoit plus réfléchie & plus égale. Il me dit qu'il s'appeloit le Colonel Cunning ; ses expressions étoient amicales & mielleuses : il connoissoit parfaitement toute la volée des Voyageurs de notre pays, & se donnoit pour le parent avoué de M. Gréenville , Ex-Ministre du Roi notre Maître. Il y avoit quelques minutes qu'il avoit entamé ce détail, quand nous fûmes joints par un petit homme trapu. Sa physionomie fraîche & rubiconde, sa chamarrure, ses bijoux, tout s'accordoit assez à me le faire prendre pour un Commis renforcé de Finance, quand le Colonel me dit que c'étoit le Comte de *** : son nom J.... n'avoit jamais été accompagné d'une aussi fastueuse qualification. J'ai appris depuis que c'étoit en effet le neveu d'un riche & parcimonieux Banquier qui, en mourant, avoit frustré tous ses autres collatéraux pour réunir sur lui toute sa succession. Du fond d'un comptoir de la ville de Rouen, notre héritier n'avoit fait qu'un faut à la dignité de Comte de l'Empire. M. le Comte barbouilla, à l'aide d'une langue aussi épaisse que son individu, un compliment, & me présenta un jeune homme eflanqué & maladif, qu'il me nomma le Comte de Rongdéal, son beau-frere : ce nom me parut tout aussi bizarrement accouplé d'un titre que l'autre. J'aurois cru que ces usurpations, aussi folles qu'indécentes, étoient une maladie de famille ; mais ici il pleut des Comtes, & l'on ne fait qu'en rire.

Nous fîmes quelques tours d'allée ; pendant tout ce temps, l'Abbé D.... ne lâcha pas un mot : je fus tenté de croire qu'il n'ouvroit jamais la bouche que pour annoncer treffle, carreau, ou à tout. J'ai été depuis confirmé dans ma conjecture : on ajoutoit seulement à cette idée que je m'en étois formée, qu'il avoit, en dépit de sa physionomie de doguin, rendu à un Prélat des services qui lui avoient valu de très-bons bénéfices.

Si l'on marche à Paris sur des Comtes,

on y est sans cesse coudoyé par des Abbés ; l'habit sacré qui devroit distinguer le sacerdoce, est un travestissement banal qui sert de manteau à une multitude de poltrons & d'intrigans. Un homme d'une taille moyenne, fluet, poudré & frisé avec la derniere précision, portant une physionomie qu'on auroit prise pour celle d'un Satyre, si la foiblesse & la langueur n'en avoient tempéré l'impudence, vêtu d'un habit violet bordé d'or, augmenta bientôt notre troupe. Il se nommoit l'Abbé L*** ; il me témoigna beaucoup de prévenance & de désir de me connoître. Mais j'apperçus qu'il mesuroit d'un œil irrité le fidele Docteur, dont je tenois le bras. Tous ses traits, en se démontant, peignoient l'envie & le chagrin. Je n'avois garde d'attribuer ces sentimens à une jalousie dont j'étois l'objet. Je ne savois pas alors qu'ils étoient rivaux & se mêloient quelquefois du même métier. Il est bon de prévenir que ce n'étoit ni la Théologie, ni la Médecine.

L'entretien roula bientôt sur les jolies habitantes des environs du jardin. L'Abbé L*** & le Docteur en dissertoient à l'envi avec une sagacité égale. Il n'est pas possible de faire une description plus détaillée des ruelles, que celle qu'ils faisoient. Le vieux Militaire les écoutoit avec un sourire complaisant, qui laissoit deviner les souvenirs agréables qu'il pouvoit se retracer. Le gros Comte & son beau-frere railloient à bout portant les deux narrateurs ; mais leurs traits s'émoussoient sur eux, & ils n'en alloient pas moins leur train. L'Abbé D...., l'air sérieux & les yeux ouverts, paroissoit absorbé dans la profonde méditation de quelque coup de piquet. Pour moi, j'étois assez sot pour faire grande attention à tant d'impertinences. L'heure de quitter la promenade arrivoit pourtant. Après avoir fortement assuré le Comte que j'irois le voir, je m'embarquai avec le fidele Achate & le vieux Colonel que j'emmenai dîner avec moi.

En rentrant, un de mes valets de

louage me remit avec quelque précaution une très-petite lettre très-ambrée, qu'on étoit venu apporter avec empressement pendant mon abfence. Je l'ouvris; elle étoit écrite en Langue Françaife : mais le caractere en étoit fi mal formé, & l'orthographe fi bizarrement ftylée, que quelqu'un qui la favoit auffi imparfaitement que moi, ne pouvoit non plus y comprendre qu'au grimoire. Je fus obligé d'avoir recours au Docteur ; après un quart-d'heure d'étude, il vint à bout d'y déchiffrer ce qui fuit :

,, Savez-vous bien, mon petit Mi-
,, lord, que vous êtes bien méchant ?
,, vous. m'avez empêchée de fermer
,, l'œil toute la nuit : maman s'eft
,, fâchée contre moi, elle dit que je
,, fuis folle. J'aurai bien du chagrin,
,, fi vous ne venez pas ce foir à la
,, Comédie Italienne. Soyez au moins
,, chez moi à neuf heures ; j'ai bien
,, des chofes à vous dire. Cette jolie
,, petite bague que vous avez mife hier

» à mon doigt, l'a rendu bien babillard.
» Il m'a dit à l'oreille que vous aviez
» fait à Paris une jolie maîtresse, &
» cela m'a fait bien de la peine. Cepen-
» dant, si vous venez ce soir, mon petit
» Milord, ce sera une preuve qu'il a
» menti : je me consolerai, & ne le
» croirai plus une autre fois «.

Mon amour-propre me fit trouver ravissant le tour enfantin & mignard de ce poulet. Oh ! cette fille a de l'esprit comme un Ange, s'écria le Docteur : Dieu me damne, si ce n'est la plus jolie enfant de Paris. Eh bien ! Milord, si vous n'avez rien de mieux à faire, il faut lui donner cette petite satisfaction-là, nous irons y passer une heure ce soir. En disant cela d'une voix assez basse, nous nous rapprochions du Colonel. Il avoit découvert un trictrac dans mon appartement, il me proposa une partie en attendant qu'on se mît à table. J'acceptai ; nous jouâmes douze louis d'or : je gagnai la premiere, je perdis les deux suivantes. Le dîner qu'on annonça, prévint la quatrieme.

Par les soins & la vigilance de mon Majordome, je fus infiniment mieux servi que la veille; tout étoit délicieux; le Bourgogne couloit à foison. Mon vieux convive mangeoit avec réflexion, & buvoit du même sang-froid qu'il mettoit au wisth, au trictrac, & à tout ce que je lui avois vu faire. J'ai expérimenté depuis combien il étoit adroit & rusé, & savoit faire contribuer son monde avec le calme, la discrétion, & la dignité qui convenoient à son âge & à son état. Nous dînames gaiement, parce que son flegme n'excluoit pas la joie; nous fîmes encore la digestion au trictrac, elle ne me couta que cinquante louis.

Le Docteur, toujours attentif & prévoyant, avoit fait atteler pour aller prendre l'air au Boulevard avant de se renfermer aux Italiens, où d'ailleurs le bon ton exige que l'on n'arrive que pour la seconde Piece. Il sembloit que
cet

cet homme eût résolu de laisser mourir tous ses malades, plutôt que de perdre un seul des instans où il pouvoit contribuer à mes plaisirs : aussi j'étois pénétré de la plus vive gratitude ; peut-être dans ces premiers momens avoit-il ses raisons pour tenir pied à boule. L'Abbé L*** étoit un de ces hommes contre qui il faut mettre en œuvre l'assiduité autant que l'adresse. Quoi qu'il en fût, je résolus de l'indemniser du sacrifice de tous les honoraires qui pouvoient lui échapper. Je crois qu'il fut content ; car il ne me quitta point, tant que cela se soutint.

Dans la saison où nous étions alors, tous les êtres corrompus ou frivoles qui infectent cette grande ville, ont coutume de se rassembler au Boulevard : là, leur insipide occupation est d'aller mettre au jour un habit nouveau ou une voiture récemment sortie des mains d'un malheureux Ouvrier qui court en vain après son salaire, pendant que souvent elle l'éclabousse, & quelquefois l'écrase. A travers des tourbillons de poussiere, une file de carrosses circule au petit pas sur un demi-mille d'Angleterre, où, malgré la lenteur de la marche, & les efforts de l'escouade qui y met l'ordre, souvent on s'embarrasse & on se heurte. Les oisifs qui s'y font traîner, s'occupent à s'y considérer ; des regards effrontés vont y décontenancer les femmes jusque dans l'enfoncement de la berline la plus modeste. On y voit, il est vrai, peu de pareils équipages : le sexe qui vient y figurer, pour la plupart, ne s'en offense pas ; au contraire, il répond au coup-d'œil le plus hardi, avec une assurance, ou plutôt un air triomphant qui décele le faste & la fierté avec lesquels la prostitution & le déshonneur marchent front levé au milieu des dépouilles éclatantes du libertinage & de la sottise. Souvent les victimes imbécilles de ces Sirenes insolentes & cruelles, s'assemblent en foule & les adorent sans pudeur sur leurs chars, aux yeux du Public indigné de tant de bassesse & de duperie. J'en vis une dans un superbe équipage tout brillant de dorures qui rehauſſoient le plus éclatant vernis ; ſix beaux Anglais couverts de plumes, d'or, & de ſoie, la traînoient en pompe ; une livrée riche & impoſante en occupoit le devant & le derriere. Ce jour-là, un monde infini ſe preſſoit au Boulevard. Au moment où ſon char triomphal déboucha d'une rue qui y conduit, un peuple immenſe qui occupoit les contre-allées à pied, ſe porta avec rapidité du côté par où elle arrivoit : on auroit cru d'abord, à cet empreſſement, qu'une Reine bienfaiſante & chérie venoit s'offrir aux hommages d'une Nation enchantée. Je le penſai ; mon guide m'apprit que c'étoit la fameuſe ***. Le tumulte qui ſe fit entendre, découvrit bientôt le motif & la nature d'un empreſſement qui m'avoit trompé. Le faſte inſultant que venoit étaler une courtiſane au milieu du peuple, retraça à tous les eſprits une image odieuſe. Bientôt le ſuperbe équipage fut entouré par cette multitude, qui, à la fureur & aux menaces, mêloit les expreſſions

E ij

les plus accablantes de la dérifion & du mépris Elle s'échauffoit ; l'inftant approchoit où le char d'or alloit être mis en pieces : heureufement la Garde accourut & vint à bout de dégager la Beauté interdite, qui avoit eu tout au plus le plaifir de parcourir cinq ou fix toifes de la carriere où elle s'étoit promis d'éblouir jufqu'à la brune, un Public plus bénévole.

A la relation de ce mortifiant événement que cinq cents voix bourdonnoient autour de moi, je vis tous les Petits-Maîtres qui étoient dans les voitures dont j'étois à portée, pâles & défaits. Partagés entre la douleur & l'indignation, les uns lamentoient triftement ; les autres invectivoient avec véhémence fur la décadence de la civilité & des belles manieres. Ils traitoient libéralement de gueux & de coquins une foule d'Artifans & d'Ouvriers qui ofoient murmurer de ce qu'ils ne les payoient pas, pour tout prodiguer à de pareilles créatures. Dans leurs imprécations, ils enveloppoient jufqu'à l'ordre public qui ne faifoit pas mettre en prifon quarante mille Citoyens honnêtes, pour avoir manqué aux loix de la galanterie & au très-humble refpect dû à une Catin.

Mes penfées étoient fi différentes alors de ce qu'elles font aujourd'hui, que, compatiffant plus à l'affront fait à la fille de fpectacle, qu'aux juftes motifs d'animofité de tant de malheureux, j'opinois auffi folidement que tous ces Meffieurs. Indigné plus qu'aucun d'eux, je quittai ce théatre de la groffiéreté du peuple Français, fis voler mon char à la Comédie Italienne, au rifque de rompre bras & jambes à la miférable infanterie, qui avoit bien de la peine à fe fauver de droite & de gauche, malgré les *garres* enroués que hurloit mon Cocher.

En arrivant, je parcourus tous les coins de la Salle, pour tâcher de déterrer Mademoifelle ***; je ne la voyois nulle part : l'impatience la plus vive me tourmenta pendant plus d'un quart-d'heure, & en décupla la durée.

Enfin le bruit d'une petite loge que l'on ouvroit sur l'amphithéatre, me fit tourner la tête de ce côté-là ; j'apperçus une vaste forêt de plumes, qui, se préfentant sur une tête qui se courboit pour en ménager l'édifice délicat, en passant par la porte, étoit cause que je ne pouvois reconnoître les traits du visage : je me le remis pour celui de ma conquête, lorsque, s'étant assise, la certitude de laisser un intervalle de deux pouces entre le sommet de son panache & le plafond de sa loge, lui eut permis de se redresser. Une riche riviere de diamans couvroit sa gorge ; deux énormes girandoles chargeoient encore plus ses oreilles qu'elles ne les paroient ; une chaîne de gros chatons passoit en écharpe du sein droit au côté gauche.

Comme la scandaleuse magnificence des Beautés annonce ici le tarif des folies qu'elles s'attendent à voir faire pour elles, tant d'éclat m'éblouit & m'effraya en même temps. — Que de diamans, dis-je au Docteur d'une voix fort émue ! cela eſt incroyable. — Un Ruſſe, répondit-il, eſt l'auteur de tout ce faſte qui vous ſurprend. Croiriez-vous qu'il n'en a coûté à cette belle que quelques heures de complaiſance ? À vous dire le vrai, il faut que vous lui ayez donné ſinguliérement dans l'œil, pour qu'elle aille, comme elle fait, au devant de vous. Vous pouvez vous flatter d'avoir plu à une perſonne dont bien des Amans de la plus haute volée ont vainement pourſuivi les faveurs : l'intérêt, j'en ſuis ſûr, n'y eſt pour rien. Un diſcours auſſi flatteur chatouilloit mon oreille, & portoit dans mon ame les impreſſions que s'étoit promiſes celui qui parloit. Vous ſentez cependant, continua-t-il avec réflexion & intérêt, qu'une femme auſſi recherchée & auſſi jolie a un certain état à ſoutenir : c'eſt une maiſon montée, ce ſont d'autres dépenſes aſſez conſidérables. Mon cher Milord, tel eſt ici le ton, perſonne ne peut s'en diſpenſer ; & ſi vous en étiez quitte pour contribuer à tout cela, ce ſeroit bien le moins que vous pufliez faire pour une perfonne qui renonce à bien des avantages en vous aimant, comme elle le fait, par rapport à vous-même.

En me parlant ainfi, le Docteur avoit infailliblement lu dans mes yeux que le poiffon étoit dans la naffe. Tout d'un coup il me quitta : bientôt je l'apperçus du côté oppofé de la falle, entretenant la belle ***, que fans doute il félicitoit du trait dont elle avoit bleffé mon cœur. Au bout d'environ dix minutes, il me rejoignit, & affectant un air de fatisfaction & d'enchantement : Vous êtes, dit-il en m'abordant, de tous les mortels le plus fortuné : cette pauvre enfant n'a qu'une feule crainte ; c'eft que vous ne répondiez pas à toute l'ardeur que vous lui avez infpirée ; mais je crois m'y connoître un peu ; je lui ai dit que j'augurois mieux de votre bon goût, & que je répondois de votre fenfibilité. Cette bonne nouvelle l'a mife aux cieux : car c'eft bien la créature la plus tendre & la plus reconnoiffante ! Voyez ce charmant étui, il est riche autant que de bon goût : elle a voulu qu'il restât dans mes mains, comme un précieux souvenir du jour le plus heureux de sa vie. Cette fille-là, Milord..... oh ! elle a de l'ame jusqu'au bout des doigts. Le personnage qui m'observoit attentivement, ne proféroit point une syllabe qui ne redoublât l'ivresse dont mes sens étoient agités. Je ne savois plus quand arriveroit la fin du spectacle : sans les œillades qui, du fond opposé de la salle, venoient soulager mon amoureux tourment jusque dans le balcon, je crois que vingt fois j'aurois interrompu l'Acteur par la violence de mes soupirs. C'est une drôle de chose qu'un écolier d'Oxford, la premiere fois qu'il avale à longs traits le poison de l'amour banal des Enchanteresses de l'Opéra ; il est dupe avec une ardeur & une sottise qui se disputent d'excès : c'étoit au vrai ma situation. La vanité que m'inspiroit mon titre, la fourniture de mon portefeuille, mes gens, l'air subordonné du

Docteur, tout, jusqu'à mon habit neuf, & à l'édifice élégant que le sieur Toupet avoit bâti sur ma tête, achevoit de faire bouillir ma cervelle. De tous les foux qui avoient jamais passé le pas de Calais, sans en excepter même le Lord E.... T...., j'étois bien le plus extravagant : enfin, la toile tomba. Je gagnai rapidement les corridors, & m'y empressant aux dépens des coudes & des pieds de quelques spectateurs, à qui je distribuois des excuses assez gauches en passant, je parvins à l'escalier assez à temps pour présenter la main à ma Belle.

Par malheur cet escalier est roide & tournoyant ; la joie m'avoit tellement ému, que, n'appercevant pas les pans de sa robe qui étoient rassemblés sous mes pieds, je m'y embarrassai : quelqu'un étant venu à me pousser dans cet instant, je fis une culbute d'environ dix marches : pour surcroît d'infortune, l'amour avoit tellement attaché la main de Mademoiselle *** dans la mienne, que, l'entraînant avec moi, nous roulâmes ensemble. Pendant le trajet que cette chute nous fit faire, le désordre de ses habits laissa découvrir gratis aux spectateurs, des charmes dont la vue coûte si cher en d'autres circonstances. Nous nous relevâmes avec la confusion que devoit donner une pareille catastrophe, &, à travers les ris & les huées qu'elle avoit excités, nous eûmes beaucoup de peine à gagner la porte. Mon indulgente compagne présumoit assez bien de mes libéralités futures, pour me passer cette premiere sottise : au lieu de reproches, elle ne me témoignoit que l'inquiétude la plus vive. Elle fut bientôt environnée de nombre de bonnes amies qui la considéroient avec une pitié maligne & équivoque, tandis que leurs faussets enroués glapissoient autour d'elle : Eh, mon Dieu ! ma chere, comment cela vous est-il arrivé ? Ne vous êtes-vous pas fait mal ? *Voulez-vous de l'eau de Cologne ?* Pour moi, tirant gauchement de ma poche un énorme rouleau de taffetas d'Angleterre, je l'offrois en tremblant. Eh, mon Dieu ! M. l'Anglais, s'écria un Plaisant à deux pas de moi, ce n'est-là que la forme de l'emplâtre que Madame met à ses blessures. Le Stentor des savoyards de Paris cria heureusement enfin : *Le carrosse de Milord.* Ma compagne se débarrassa de ses officieuses amies. Nous traversâmes, tête baissée, la double haie des rieurs, laissant au Docteur le carrosse de Mademoiselle ***, pour amener la petite Julie qui l'avoit accompagnée au théatre.

Réfugiés dans notre étui, & à l'abri des sarcasmes que notre chute avoit fait pleuvoir sur nous, je faisois mon possible pour faire oublier à ma Belle l'accident de l'escalier, rassemblant avec des efforts incroyables, tous les termes de politesse & de galanterie que j'avois pu ramasser dans mon Boyer & recueillir de la premiere leçon de l'Abbé F.... Je balbutiois une sotte apologie dans le plus pitoyable état & le plus confus de tous les jargons. Comme je soupçonnois mes paroles d'être peu intelligibles,

j'y

j'y ajoutai des geſtes propres à porter plus de ſignification : la douceur & la bonté avec laquelle on recevoit mon repentir & mes empreſſemens, me tranſportoient de joie. Nous étions déjà dans la rue de Richelieu, & montés dans l'appartement, où, pendant quelques minutes, nous fûmes encore ſeuls.

La foible réſiſtance que ma Beauté oppoſoit à mes amoureuſes attaques, m'avoit mis tout en feu, & je devenois entreprenant, quand la matrone de la veille ſe montra : elle affecta du mécontentement d'un pareil tête-à-tête, & dit bruſquement à ſa fille d'aller ſe déshabiller ; celle-ci me regarda triſtement, & ſortit.

Reſté avec la diſcrete & prudente douairiere, en véritable écolier, je cherchois à appaiſer, par des proteſtations, la colere qu'elle laiſſoit à demi éclater. Ne pouvant parvenir à dérider ſon vieux front, j'allois abandonner l'entrepriſe avec autant de chagrin que d'impatience, quand mon illuſtre & prudent appui, l'adorable Docteur,

Tome I.   F

entra. Mon air consterné, le silence courroucé de la maman, engagerent soudain une explication, par les questions qu'il se hâta de lui faire sur le tableau inattendu que nous lui offrions l'un & l'autre.

Monsieur le Docteur, lui dit la vieille, affectant de se composer un peu, vous le savez bien, ma fille n'est pas en état de faire des folies : je m'apperçois à merveille qu'elle s'amourache de Milord ; c'est à moi à avoir de la prudence pour elle. Que diroit un certain personnage qui nous soutient à l'Opéra, s'il venoit à savoir quelque chose d'un pareil caprice ? Je veux bien croire que Milord est trop honnête homme pour nous tromper ; cela ne suffit pas : nous ne sommes point dans le cas des attachemens de passage ; malheureusement une femme de théatre ne peut pas suivre son goût & ses penchans, sans être assurée.... En un mot, Monsieur le Docteur, vous qui avez de l'esprit & de l'usage du monde, vous ne blâmerez sûrement pas d'aussi justes alarmes. Sans lui répondre, le judicieux Esculape me rendit ce discours, dont quelques interruptions m'avoient empêché de saisir le sens, avec un habile commentaire qui me décida à offrir sans délai des gages palpables de ma constance & de ma sincérité. Je tirai de mon porte-feuille un effet de mille louis d'or, & l'alongeant à l'impitoyable & rusée harpie, je faisois des excuses de ne pas parler Français. Oh! pardonnez-moi, Milord, je vous entends à merveille, me répondit-elle : malgré cela, n'allez pas me soupçonner d'un vil intérêt ; il est si naturel à une mere d'assurer le bien de sa fille! nous voyons tous les jours tant de perfidies ! d'ailleurs, vous savez qu'on n'est pas toujours jeune. J'approuvois, d'un coup de tête, des raisonnemens aussi judicieux. Au reste, continua-t-elle d'un ton flatteur, le sacrifice de la plus belle jeunesse ne peut être fait à quelqu'un qui le mérite plus que vous. Il est bon que je vous prévienne que, sur cet article, ma fille est délicate jusqu'au ridicule : si elle pouvoit se douter de la galanterie que vous venez de lui faire, tout seroit perdu. La pauvre enfant rougit d'un rien. Diriez-vous que, pour nous soutenir comme je le fais, je suis forcée de lui cacher les bienfaits qu'elle reçoit ? N'allez pas lui en parler, je vous supplie. Tout grossier qu'étoit ce piége, il trompa mon excessive crédulité. En blanc-bec véritable, je n'admirois pas moins la noblesse des sentimens de la jeune, que la probité de la vieille, & lui serrant la main, mon ame étoit encore plus allégée que mon portefeuille.

Mademoiselle *** & la petite Julie rentrèrent dans cet instant ; on vint avertir presque aussi-tôt qu'il falloit se mettre à table. Si la joie & le plaisir avoient été par degrés jusqu'à l'ivresse au souper de la veille, dans celui-ci, ils prirent tout d'un coup ce caractere. A peine touchions-nous au milieu du dessert, qu'on vint dire à l'oreille à la Demoiselle Julie, qu'elle étoit attendue avec impatience chez elle. Elle se leva avec précipitation, & le galant Docteur s'offrit à l'y reconduire ; la proposition fut acceptée.

Il tardoit long-temps à revenir : la maman excédée, disoit-elle, de la veillée du jour précédent, se mit à bâiller sur sa bergere ; bientôt elle y ronfla de toutes ses forces. A mesure que son sommeil paroissoit plus décidé & plus profond, nous devenions plus éveillés & plus vifs. Un sursaut qui rouvrit tout d'un coup les oreilles & les yeux à la duegne, vint interrompre le badinage. Maman, allez donc vous coucher, lui dit sa fille en la poussant du pied contre le sien ; vous dormez debout ; fi ! cela n'est pas joli. Tout à l'heure, ma fille, répliqua-t-elle la bouche béante & la langue embarrassée. A peine eut-elle prononcé ces mots, que, se laissant aller sur son siége, elle ronfla avec plus de force qu'auparavant. Oh ! mais, maman, cela est insupportable ! n'êtes-vous pas honteuse ? dit alors la Demoiselle *** en la poussant du bras; tenez, voilà votre bougeoir. Allons, allons, répliqua la mere se soulevant & se frottant les yeux; & puis avec un bâillement assez violent pour lui démonter la mâchoire: Je ne sais ce que j'ai à dormir ce soir, dit-elle : vous attendrez donc M. le Docteur, mes enfans; mais au moins soyez sages. Puis, en me souhaitant amicalement le bon soir, elle gagna la porte & se retira. Pour le coup, je crois que c'est tout de bon, dit la Demoiselle ***. Nous renouâmes alors l'entretien plein de vivacité, que nous avions entamé. Si mes phrases étoient imparfaites & peu correctes, mes gestes, comme dans le carrosse, suppléoient à ce qui manquoit à mes discours. En pareil cas, c'est peut-être un avantage d'ignorer une Langue : plus d'une fois, cela a beaucoup abrégé les chemins. Les heures s'écouloient cependant avec rapidité dans de si doux entretiens, & j'étois inquiet de ne point voir arriver mon compagnon. Je sonnai : au lieu d'un des Laquais qui avoit coutume de répondre, je vis paroître une grosse Soubrette qui me dit gaiement que M. le Docteur avoit dit qu'il ne reviendroit point, & qu'il avoit même renvoyé mon équipage. Alors se tournant avec de grands yeux étonnés, vers sa jeune Maîtresse, elle ajouta d'une voix timide & embarrassée : Milord ne reste-t-il pas ici ? Eh ! mais je ne sais pas, répondit cette derniere avec émotion & en me lançant un regard; comme il voudra.... Mais, maman.... Oh parbleu ! votre maman, répliqua la Suivante d'un ton dévergondé, elle dort à présent, qu'elle n'entendroit pas Dieu tonner ; & puis demain il sera jour. Laissez-moi faire ; quand elle s'éveillera, les oiseaux seront dénichés : ce qui est fait est fait, vous êtes assez bons amis pour n'y pas faire tant de façon. Comme elle vous arrange cela ! repartit la Demoiselle *** en tâchant de rougir; elle me serra la main avec tant d'ardeur, que je m'échappai en caresses aussi hardies que paſſionnées. Patience, patience, dit alors la groſſe Femme de chambre, vous attendrez bien à tantôt pour vous dire le reſte. Allons, Mademoiſelle, venez que je vous déshabille. A ces mots, elle l'entraîna pour la mettre au lit avec un gros rire indécent, me recommandant de me tranquilliſer, & m'aſſurant que bientôt elle viendroit me chercher pour lui ſouhaiter le bon ſoir.

Elle ne tarda point en effet. Ici, je termine cette ſeconde journée, en tirant le voile ſur les réalités & les ſonges de cette nuit heureuſe.

III.ᵉ JOURNÉE.

Evénement du réveil. Visite singuliere & dangereuse. Duperie d'une autre espece.

UN rayon de soleil qui pénétra dans l'alcove entre les rideaux mal fermés, en tombant sur mes yeux, me fit appercevoir qu'il étoit jour: l'objet de mon amoureuse ivresse en avoit mesuré la portée. Trop adroite pour en épuiser tout d'un coup les vapeurs, la Demoiselle *** se hâta de tirer sa sonnette; la grosse résolue de Soubrette entra. Sa prévoyance avoit fait placer auprès de moi tout ce qu'il me falloit. A son aide, je me levai; &, à un peu de désordre près dans ma chevelure, je fus en état de sortir dans un habillement du matin, qu'on m'avoit apporté.

On frappa cependant rudement à la porte; la Suivante y courut. Je la vis revenir avec un visage alongé, &

tenant à la main un papier qu'elle remit à fa Maîtreſſe. Celle-ci, d'un air non moins conſterné, après y avoir jeté les yeux, dit avec un ſoupir douloureux & pénible : Eh, mon Dieu ! faites entrer ; mais qu'il me donne au moins le temps de ſortir du lit. En proférant ces paroles, elle ſe leva aſſez bruſquement, & paſſant rapidement un déshabillé, elle ſe jeta ſur un fauteuil, où elle reſta morne & ſilencieuſe. Je lui dis que ſi quelque affaire exigeoit que je ſortiſſe, j'allois la laiſſer en liberté. Non, point du tout, me dit-elle en me ſerrant la main & donnant à ſa phyſionomie le plus grand air d'altération ; ce n'eſt rien, reſtez. La Suivante introduiſit alors un homme, dont l'équipage étoit fort mince & la mine rébarbative. Eh bien ! M. Chiffon, vous êtes bien inquiet pour une bagatelle, lui dit avec humeur ma Divinité ; comment pouvez-vous me tourmenter de la ſorte ? C'eſt prendre bien mal votre temps : quoi ! me faire lever pour cette gueuſerie ! Excuſez,

Madame, répliqua celui-ci avec une révérence fournoife & profonde; il eft, midi paffé, & je ne croyois pas venir auffi mal-à-propos. — Vous êtes donc bien preffé ? — Je ne fais ce que c'eft que d'être importun, Madame; mais en confcience les temps font fi mauvais: j'ai parcouru tout le quartier; j'ai été chez vingt de nos Dames avant de venir chez vous, je n'ai pu faire un fou dans toute ma tournée. D'ailleurs, vous favez à merveille, qu'il y a long-temps que votre petit mémoire fecret court : je ne puis en vérité m'en paffer. — Il faudra pourtant bien que vous attendiez encore. — Je ne le puis, j'en fuis fort fâché, & c'eft avec peine que je me porterois à des voies chagrinantes pour vous. Après quelques phrafes affez vives qui groffirent de part & d'autre ce dialogue, le créancier fe retira avec menaces. Ah, mon Dieu ! s'écria la Belle quand il fut forti, fi maman alloit favoir cela ! La douleur lui fit verfer quelques larmes. La Soubrette, blême & effrayée, faifoit paroli à fa tristesse. Hélas ! que faire, Madame ? ce maudit M. Chiffon n'entend non plus raison qu'un Suisse. — Eh bien ! courez, donnez-lui mes bracelets. Le geste dont elle accompagna ces paroles, me mit au fait de la question, m'indiqua qu'elles avoient joué le rôle de matoises, & qu'il ne me restoit plus qu'à continuer celui de dupe, que j'avois si bien commencé. Ce n'étoit pourtant pas ainsi que je qualifiois les choses dans mon délire.

J'arrêtai avec vivacité les bijoux, &, me saisissant du mémoire qui étoit resté sur la toilette, j'apperçus au bas un total de deux mille livres tournois. Je dis avec autant de chaleur que de faste, que l'on courût après l'insolent créancier, & que c'étoit une bagatelle : cet ordre fut avidement saisi, & exécuté plus vîte encore par la prompte Soubrette. La Maîtresse, avec tout l'emportement de la plus extrême affliction, avoit fait, mais trop tard, quelques pas vers la porte, pour s'opposer à sa course, &, revenant vers moi,

moi, protestoit qu'elle ne souffriroit pas une indignité qui feroit suspecter sa tendresse pure & désintéressée. Je fis les plus humbles instances; elle se désoloit, s'écheveloit. Enfin, le bon M. Chiffon reparut. Encouragé par la Soubrette à passer par-dessus les scrupules de ma trop délicate Amante, je ne le fis pas languir : moyennant la plus grande partie de l'or que j'avois sur moi, sa quittance resta entre mes mains. Rien n'égaloit la joie du créancier : je sauvois, disoit-il, son crédit & sa fortune ; il partit après mille courbettes humbles autant qu'hypocrites : car chez ces Dames, ce qui paroît sortir ainsi par une porte, rentre souvent par une autre. L'on verra si je n'ai pas eu raison de croire que le prétendu M. Chiffon, d'intelligence avec mes grivoises, a été verser mon argent dans la caisse de l'industrieuse & rusée maman.

Je prenois une peine indicible à consoler ma Nymphe du plaisir que je venois de lui faire, & mes protestations commençoient à produire quelque effet, quand Fanchon reparut avec le chocolat. Bonne Sainte-Marie ! Mademoiselle, s'écria-t-elle, voilà-t-il pas de quoi tant pleurer ! qui en a en baille à l'autre ; c'eſt la regle. Milord a fait cela de ſi bonne grace, qu'on voit bien que cela ne lui coute guere : vive un Anglois ! ça vous a plutôt lâché cent piſtoles que les autres un compliment ; parlez-moi de ça. Taiſez-vous donc, bavarde, dit Mademoiſelle *** en s'eſſuyant les yeux, & faiſant ſuccéder l'humeur la plus careſſante à ſa profonde mélancolie : le temps ainſi revenu au beau, nous déjeûnâmes.

La Belle commençoit à ſe faire à mon mauvais François. Notre entretien tomba inſenſiblement ſur tout ce qui pouvoit intéreſſer une jolie femme ; parures, ameublemens, bijoux, voitures, chevaux fringans. Nous en étions à ces derniers objets, quand le cher Docteur arriva. Sa phyſionomie portoit un air de triomphe, qui ſembloit partager le mien. Il aſſimila ſon ton & ses manieres aux agréables circonstances de la matinée : les plaisanteries cesserent enfin. Quand une fille comme la Demoiselle *** a mis sur le tapis une matiere intéressante, elle ne lâche pas facilement prise ; aussi le chapitre des carrosses revint bientôt, & il fut traité à fond. J'omettrai le détail que le Docteur fit à ce sujet, pour vous dire simplement qu'avec la plus grande adresse, on me disposa à effacer l'éclat des prodigalités dont le Lord E.... T.... accabloit la Déesse qui, le jour d'avant, avoit été si fâcheusement éconduite du Boulevard ; & l'éclat de celles qui distinguoient tous nos illustres sur le pavé de Paris.

Je quittai la Demoiselle ***, & me séparai pour quelques heures du Docteur. Enflé d'un ridicule orgueil, ou plutôt d'une vanité insensée, j'allai avec promptitude réaliser les insinuations que j'avois prises auprès d'eux. Je voulus unir le plaisir de la surprise, au mérite de la profusion. L'Esculape ne fut pas du secret, & par les soins de mon habile & lefte Provençal, aidés d'un nouveau fragment de mon portefeuille, en moins de deux heures, fix fuperbes courfiers fe trouverent dans l'écurie de Mademoifelle ***; & une magnifique berline avoit pris fous fa remife la place d'une mince diligence à l'Anglaife, qui étoit retournée chez le Loueur de carrofles.

J'étois occupé à m'applaudir chez moi d'une fottife auffi complette, quand le fieur Gardel vint me donner ma leçon. Le Docteur arriva, il ignoroit cette magnifique galanterie. Le gigantefque Efculape & l'Hiftrion s'extafioient à l'envi fur le développement de mes graces naiffantes. Enfin, ivre de leurs louanges, je m'habillai magnifiquement pour fortir. Nous devions aller chez le Baron de ***; j'étois invité à y dîner. Un de mes gens m'annonça le Major Saggs; quoiqu'il ne me connût pas, il débuta avec familiarité, & fe donna pour un compatriote qui, chaud & prévenant dans fes affections, vouloit me faire partager les plaisirs de tous les cercles brillans où il étoit lui-même installé.

Si je n'avois été dans la chaleur d'une fievre de raison, j'aurois démêlé tous les symptômes de l'escroquerie sur sa figure, & deviné, à son air de cormoran, les motifs qui le conduisoient chez moi. Mais ma stupide vanité étoit tellement exaltée par tous les subalternes qui m'environnoient, qu'à travers son bandeau je n'appercevois que des prévenances & même des hommages. Le Major me conta des nouvelles politiques, & ensuite parla jeu. Il manioit en maître cette derniere matiere, & me citoit pour la scene de ses exploits, des lieux si augustes, qu'avec mon peu d'expérience il m'étoit bien impossible de former sur son compte le moindre soupçon déshonorant. Je ne savois pas qu'un fripon doré, moyennant de l'argent & des cartes, s'accoste tous les jours d'un Prince & se familiarise avec des Altesses, & qu'il n'y a nulle part plus d'égalité entre les hommes, que dans les lieux où le pharaon fait une des occupations importantes de la vie.

Notre entretien n'alla pas plus loin : le Major prit congé, après m'avoir assuré du plaisir qu'il auroit à me rencontrer l'après-dîner chez le Baron; il me fit encore l'agréable proposition de passer ensuite la soirée avec lui & quelques compatriotes de choix, jusqu'à l'instant du moins, Milord, ajouta-t-il, où le plaisir vous rappellera dans les bras de l'Amour. Ces dernieres paroles furent lâchées avec un ricanement très-affecté, & suivies d'un regard fin qui, se fixant d'abord sur moi, fut tomber ensuite sur le Docteur. En l'écoutant, je poussai la sottise jusqu'à me rengorger. Plus frivole cent fois que le François le plus léger, je me peignois à moi-même comme un homme initié dans tous les mysteres du savoir-vivre les plus raffinés, & près d'y être à la mode.

Comme le Docteur étoit un des commensaux habitués de la maison du Baron, on ne sera pas surpris de l'y voir venir dîner avec moi sans façon. Le service y fut élégant : mais l'ardeur du jeu qui fournissoit aux frais du repas, l'abrégea beaucoup. Je m'y étois trouvé à côté d'un jeune homme d'une figure aimable & d'un extérieur honnête & doux. Quelque étranger que je fusse moi-même à la société, je m'étois facilement apperçu qu'il avoit encore moins d'usage du monde que moi. Il parloit jeu avec passion, & par toute sa conversation qui ne roula sur autre chose, il faisoit voir qu'il en avoit la frénésie : si sa physionomie n'avoit porté en même temps un caractere décidé d'ingénuité & de candeur, qui dissipoit toute prévention, on auroit pu le classer avec les F.... : mais il n'étoit encore qu'au rang des dupes. Il mêloit à ses discours beaucoup d'indiscrétion & encore plus de vanité, & par-dessus tout, il attachoit une valeur prodigieuse au hasard de la Fortune ; il ne lui échappoit pas trois mots sans se targuer de la sienne. Il joignoit tout le raboteux d'un débutant comme moi, à toutes les puérilités d'un fils unique gâté dans la maison paternelle par un instituteur domestique, ignorant les hommes, & dont par conséquent la longue enfance devoit se perdre dans l'âge viril. Un pareil caractere devoit m'inspirer une pitié orgueilleuse ; tout aveuglé que j'étois sur mes faits personnels, je raisonnois assez bien, comme cela n'arrive que trop souvent, sur le compte d'autrui. L'extérieur du jeune homme m'avoit frappé : en sortant de table, je demandai au Docteur qui il étoit ; il m'apprit qu'il s'appeloit Raw, riche possesseur dans nos Isles, & fils d'un pere prodigue & dissipateur qui avoit mangé une fortune triple de celle qu'il lui avoit laissée.

Le whist ne tarda point à occuper tous les convives. Le sort, à ce que je crus, avoit placé les acteurs : l'on manquoit de femmes ; la Baronne fit la partie de trois vieillards, anciens familiers du logis. Je me trouvois associé avec mon jeune voisin du dîner, contre le maître du logis & un grand flandrin à paroles précieuses & appuyées, qui se faisoit appeler le Marquis de ***. La ressemblance de nom me fit présumer qu'il étoit quelque chose au Colonel *** ; je ne me trompai pas, c'étoit son fils.

La partie s'étant engagée, je m'apperçus de tout ce qu'il en coutoit au jeune & bouillant Raw, pour contenir son ame joueuse & pétulante ; elle s'irritoit de la marche étudiée d'un jeu à combinaisons, & soupiroit après ceux d'un hasard plus simple & plus rapide. A mesure que les cartes tomboient sur le tapis, son imagination lui peignoit les chances d'un vingt-un ou d'un trente & quarante ; le whist ne s'accommode pas de ces spéculations étrangeres ; aussi nos antagonistes en profitoient. Le jeune homme doubloit sur mon jeu qui étoit considérable & digne de la colere & du génie calculateur du Baron : sa manie pour les chances l'avoit encore entraîné à des paris qui pouvoient décupler sa perte. En très-peu de parties, je perdis cent louis ; ce que le jeune Raw avoit hafardé, fut empoché par le digne fils du Colonel, qui, en lui tirant fa révérence, lui offrit, d'un air ironique, trois ou quatre leçons par femaine.

Le Major Saggs qui venoit d'entrer, avoit fait le tour du fallon : enfuite il s'étoit arrêté à confidérer la fin de notre partie. Eh bien ! Meſſieurs, dit-il, vous êtes maltraités au whiſt ; il faut réparer vos malheurs au vingt-un. Il nous conduifit à une longue table déployée dans un cul de lampe que formoit le fond de la piece où nous étions. Bientôt elle fut entourée de dix ou douze acteurs. J'y paſſai deux heures entre le Major & l'imprudent Raw. Ce premier me combloit de careſſes & d'amitié ; il s'attachoit avec complaiſance à me faire calculer & prévoir mes coups : graces à fes avis, je me levai à peu près comme je m'étois mis au jeu. Il me dit qu'il étoit temps de partir, & foulant aux pieds les cartes dont le parquet du sallon étoit déjà inondé, je le suivis avec le jeune Raw & le digne & féal Médecin.

Nous volâmes à l'Hôtel d'Yorck; c'étoit là que logeoit le Major, & qu'il attendoit ce soir ce qu'il appeloit l'élite de nos compatriotes. Le cercle ne fut pas long-temps à se compléter. J'y reconnus Sire Walter-Wim, ainsi que le jeune Rosse, Gentilhomme Ecossais, dont la fortune étoit immense, & la grande jeunesse propre alors, ainsi que la mienne, à recevoir toutes les impressions & à donner dans tous les panneaux. Pour tenir en échec trois imprudens marmots, le Major nous avoit mis en opposition cinq à six de ces habiles voyageurs qui circulent continuellement de Paris à Londres & de là à Spa, pour se porter périodiquement de ces trois chef-lieux, dans tous les endroits où un grand concours de monde amene des enfans de famille à dégourdir, & de l'argent à gagner.

Pour ne pas effaroucher le gibier, l'avant-souper fut rempli par une conversation qui roula sur des matieres de galanterie : c'est d'ordinaire le premier appât par où ces illustres amorcent la jeunesse. Mes prouesses avoient fait du bruit ; mes magnificences, ou plutôt mes folies divulguées par le scandale, m'établissoient la plus brillante renommée, & annonçoient un caractere dont tous ces honnêtes gens se proposoient de tirer parti. Des têtes meublées comme les leurs, ne pouvoient entreprendre ni soutenir une conversation sérieuse. La *** étoit éblouissante aujourd'hui chez Torré, dit un des assistans. Oui, en honneur, répliqua Sire Walter en forçant un peu le ton glacé & insipide dont il ne sort guere. Sire Walter, dit le Major, elle vous a donné dans la vue ; garre à votre flegme.—Oh ! point, je vous jure.—Comment ! je vous jure ! mais, vraiment vous vous échauffez : ce *je vous jure*-là est un extraordinaire, il trahit le trouble de votre ame : Sire Walter, Sire Walter, vous êtes atteint d'un trait mortel.—Quoi qu'il en soit, continua-t-il, chacun voit à sa maniere :

je connois certaine petite personne au nez retroussé, au minois expressif, aux graces vives & lutines, à qui je donnerois bien la pomme : mais chut ! ajouta-t-il en me regardant ; le Pâris de l'aventure n'est pas loin. Pour un débutant, la place a été assiégée avec autant d'éclat que de succès. Ces paroles fixerent sur moi tous les regards. Diable ! Milord, reprit l'efflanqué & précieux Marquis de ***, comme vous vous êtes établi là ! tudieu ! quelle magnificence ! mais il y avoit de quoi subjuguer la moitié de l'Opéra. Quel est donc le triste & stupide Mercure qui a pu vous induire si fort en erreur sur les prix courans ?.... Ici je vis pâlir le Docteur, &, blâmant en moi-même l'indiscrétion du Marquis, je me hâtai de le tirer de ce mauvais pas. Monsieur le Marquis, dis-je, je satisfais mes goûts sans aide ni conseil. — Tant pis, Milord, tant pis : vous allez nous gâter toutes ces Princesses-là.

On se mit à table, on y déraisonna jusqu'au dessert. Alors les vapeurs du vin & l'effervescence des cervelles animant les propos, ils acquirent une licence effrénée & dégoûtante, qui inspira les *tostes* que l'on portoit à la ronde. Ceux-ci, en se multipliant rapidement, nous livrerent bientôt sans défense & sans raison aux projets du Major.

L'excès de tous les vins frelatés fut suivi de celui de tous les poisons distillés qu'inventa la débauche. De la table on ne fit encore qu'un saut autour d'un tapis vert ; c'est toujours là le point de réunion & le couronnement de l'œuvre. Le Major versa devant lui beaucoup d'or : à cette vue, les yeux du jeune Raw acquirent le double de leur orbite ordinaire ; il mit dix louis en avant, qui furent d'abord couverts : le sobre & prudent Docteur s'étoit douté de la chance de ce premier coup : aussi en hasarda-t-il cinq ; ils gagnerent. Le Chevalier, l'Ecossais & moi entrions insensiblement au jeu ; il nous favorisa aussi. Les crânes échauffés par le succès, nous nous y enfoncions : la chance tourna à l'inftant même. Bientôt les liqueurs dont nos fens éprouvoient les effets, étant mifes en plus grande fermentation par l'addition d'un punch violent, que nous buvions fans y penfer, nous ne vîmes & n'agîmes plus qu'avec défordre & confufion. Nos pertes nous animoient en s'étendant : l'or, les paroles, les billets échappoient à nos bouches bégayantes & à nos mains forcenées.

Le Lecteur s'attendroit en vain à quelques détails de cette horrible foirée: ma confufe raifon n'a jamais pu me les rappeler. Il ne m'en refte pas moins à rougir de l'avoir noyée au point d'avoir abfolument oublié quelles mains charitables me tranfporterent, fans connoiffance & privé de mes facultés, hors de cette honteufe & infame caverne.

IVe. JOURNÉE.

Fâcheux réveil; perte réparée en apparence seulement.

APRÈS le sommeil stupide & pesant de l'ivresse, j'ouvris des yeux affoiblis & enflammés; lourd, embarrassé, & malade, j'entendis sonner une heure; je voulus sortir du lit, où j'étois ardent & inquiet; mes jambes vacillantes plioient encore sous moi. A mesure que le chaos de mes pensées se débrouilloit, & que ma mémoire se dégageoit des vapeurs du vin, je cherchois à la fixer sur mes dernieres actions du jour, ou plutôt de la nuit précédente : je ne rencontrois que la plus effrayante confusion; je craignois même d'aller chercher l'affligeante vérité à travers ces ténebres. Dans cette perplexité, j'eus recours au Médecin, que j'envoyai chercher.

Eh bien! mon cher Milord, me

dit-il, vous voilà fatigué & malade :. ah! continua-t-il avec un gémissement affecté; voilà ce que c'est; on se livre sans ménagement; la bourse & la santé, tout en patit : la somme que vous avez perdue est considérable ; mais cette leçon pourra vous être utile, & si vous en profitez, vous ne l'aurez pas payée trop cher. — Comment ! dites-vous, j'ai perdu une somme considérable ? l'argent que j'avois ne pouvoit pas monter à cinquante louis. — Oh ! vous n'y pensez donc pas, Milord : en vérité vous aviez perdu un peu de votre raison ordinaire : je me tuois à vous faire des signes, néanmoins vous alliez toujours votre train. A la vérité, vous n'êtes ni l'unique ni le plus malheureux : Sire Walter & le fougueux Rosse partagent votre disgrace. Le premier perd dix-huit cents guinées, le second sept mille, & vous...... — Comment moi ! — Oui, vous-même, Milord ; avez-vous oublié avec quelle frénésie vous n'avez pas cessé de doubler sur chaque coup que vous perdiez ? Je ne puis m'empêcher de rendre justice au Major; en beau Joueur, il se prêtoit à tout. C'est quelque chose de bien incroyable aussi que la constance du sort à le favoriser.—J'ai bien quelque idée confuse qu'il doit m'avoir gagné quelque chose sur parole. —Comment ! trois mille pieces, quelque chose ? Ah ! Milord. — Trois mille ! dis-je avec surprise.—Oui, tout autant ; j'en suis désolé, mais le fait est réel. Je restai muet & stupéfait. On me tira de ma rêverie en m'annonçant le petit Gentilhomme Ecossais qui en tenoit pour ses sept mille guinées. La vue d'un homme plus malheureux que nous, soulage apparemment nos disgraces ; car la sienne me rendit la force d'aller le recevoir.

Rosse étoit aussi blême, aussi défait & aussi harassé que moi : bientôt je vis que c'étoit la colere qui le soutenoit. Milord, me dit-il dès la porte, on nous a pillés, égorgés, assassinés. Nous avons donné hier dans les embûches d'une troupe de fripons. Pardon, M. le Docteur, vous faisiez bande, & cela vous arrive souvent ; mais je vous exceptes. Vous avez empoché quelque chose : je veux bien croire que c'étoit loyalement, quoiqu'il sied mal à un homme de votre état d'être un pilier de tripot.— Monsieur, interrompit gravement l'Esculape qu'avoit d'abord déconcerté cette apostrophe, vous vous égarez furieusement en parlant ainsi de la compagnie où vous vous êtes trouvé hier au soir ; quant à moi il m'est permis de me trouver....— Oui, repartit le colere Ecossais, chez vos malades à cette heure-là. Mais que m'importe ? c'est vous, Milord, à qui je viens déclarer hautement que, pour l'argent que j'avois sur moi, je consens de bonne grace qu'il m'ait été filouté ; ce châtiment n'est que trop juste, pour m'être laissé entraîner dans ce coupe-gorge ; mais pour les sept mille pieces, que le Major ose réclamer comme perdues sur parole, que la terre m'engloutisse si le scélérat en voit jamais le sou. On avoit tellement ébranlé ma raison & abruti mon entendement ;

que j'ignore si c'est sept mille ou sept millions de pieces que j'ai jouées. C'est dans cette situation qu'on n'a pas eu honte de nous faire mille escroqueries. —Monsieur, répliqua le Médecin d'un ton plus doucereux qu'auparavant, j'ose vous assurer que vous deviez cette derniere somme en sortant. J'étois de sang froid. —Je ne suis point sorti, M. le Docteur ; on m'a emporté, & votre sang froid ne fera pas valoir vos témoignages : je les récuse. Milord, continua-t-il sans s'embarrasser comment l'autre prendroit ce qu'il venoit de dire, j'ai résolu d'en venir à toutes les extrémités, plutôt que d'abandonner à ces brigands la plus petite parcelle de leur proie ; je me suis hâté de vous en avertir & suis venu vous conseiller d'en faire autant.

L'impétueux Rosse en étoit en cet endroit de son discours, quand Sire Walter survint : son triste & long visage, toujours inaltérable & froid, ne donnoit à pressentir aucun sentiment ni aucune émotion. Eh bien ! Sire

Walter, lui dis-je, que pensez-vous de notre malheur ? — Je n'y pense plus ; j'ai payé. — Payé ! s'écria Rosse avec rage : eh bien ! à la bonne heure, chacun est le maître de se laisser plumer ou non : pour moi, je veux être déshonoré, si de semblables coquins obtiennent jamais une obole de ce qu'ils m'ont pipé. — Il m'est bien venu en pensée quelques soupçons, répondit le Baronnet avec son flegme accoutumé ; mais j'ai fait réflexion que, quand des gens comme nous ont eu le malheur de faire une sottise, & qu'ils peuvent en être quittes pour de l'argent, il vaut mieux la boire en silence & ne plus y retourner. — Cette maniere de prendre les choses, également noble & judicieuse, est bien digne de vous, Sire Walter, lui dit alors le Docteur avec chaleur. Si ces Messieurs (ce que Dieu me préserve de croire) avoient été capables de vous escroquer, ce parti seroit encore le seul qu'il resteroit à prendre. — Mon féal, lui dit Rosse en le regardant de travers, vous avez vos raisons pour attacher de l'héroïsme à une petite gloriole que les fripons sont intéressés à exalter; mais apprenez que je ne souffrirai point que des pipeurs effrontés fassent impunément moisson de plus de sept mille pieces. Liberté; chacun peut faire comme il veut: pour moi, j'ai pris ma résolution; si j'allois en faire la sottise.... mon tuteur.... — Le Major, repartit l'autre, est trop raisonnable pour ne pas entrer en accommodement avec vous & se contenter d'un arrangement, jusqu'à ce que l'âge vous ait rendu maître de.... — Il n'aura pas plus l'un que l'autre; vous pouvez l'en assurer de ma part. Alors il fit un mouvement vers moi: je me levai, parce que j'augurai qu'il alloit sortir. Comme je le reconduisois, il m'exhortoit vivement à n'être pas dupe de cette *canaille :* je rapporte ses termes. Pour lui, il jura de tenir bon. Effectivement le malheureux Major l'a trouvé intrépide. Après quelques assauts fanfarons & une course simulée en Angleterre à sa poursuite, qui s'est bornée à Calais, il est revenu les mains vides & la tête levée, reprendre ici le cours de ses caravanes dans le beau monde.

Quel furieux ! dit le Docteur quand je fus rentré. — J'avois gardé jusque-là un profond silence. Je vous avouerai avec candeur, mon cher Docteur, répliquai-je, que je trouve quelque fondement à sa résolution. A la vérité, il y a plus de grandeur dans celle de Sire Walter ; mais je partage le soupçon du premier, quoique déterminé à tenir la même conduite que le second. Le Docteur s'empressa de reprendre : Je reconnois bien là les sentimens que votre naissance doit vous inspirer ; j'ai gémi sur votre entêtement à braver la fortune ; je suis au désespoir de votre perte ; mais j'admire comme vous prenez tous les deux le parti de la prudence & de l'honneur. — Eh bien ! mon cher ami, faites réaliser ces trois mille louis, & qu'il n'en soit plus parlé. Ma main lente & tremblante ne tiroit qu'à regret hors de mon porte-feuille qui maigrissoit à vue d'œil, quelques effets que je lui remis : elle étoit bien éloignée de mettre à ce sacrifice l'aisance qu'elle avoit mise à ceux que j'avois faits à la Demoiselle *** ; un soupir m'échappa, & je regrettois amèrement des instans passés & de l'or prodigué loin d'elle.

Un carrosse se fit entendre dans la cour. Quelle fut ma surprise & ma joie, quand je l'en vis descendre ! Sans doute l'Amour, jaloux des holocaustes que venoit de me surprendre le Dieu des pipeurs & des larrons, qui partage quelquefois avec lui dans cette capitale, venoit réclamer mes hommages. La Belle, éplorée, se précipita dans mes bras en entrant. Bon Dieu ! mon cher ami, qu'est-ce que le Docteur est venu apprendre ce matin à maman ? Quoi ! c'étoit pour vous aller immoler au trente & quarante que vous m'aviez oubliée hier au soir ! Que j'ai souffert, hélas ! Savez-vous bien qu'on se ruine comme cela ? comment allez-vous faire ? — Ce n'est rien, répondis-je en lui

serrant

serrant la main. — Ou du moins peu de chose, ajouta fastueusement le Docteur; trois mille louis ne feront point pâlir Milord. Le seul regret qu'il puisse ressentir, est de n'en avoir pas fait un meilleur usage, poursuivit-il d'un ton de mystere. — Sans doute, repartis-je; à cela près, je puis supporter cette perte. — Je ne suis pas bien riche, dit la Belle en minaudant; j'espere que Milord compte assez sur mon attachement pour........ Ici l'héroïne baissa les yeux modestement, & parut suffoquée par le sentiment qui l'avoit fait parler. A cette vue, mon attendrissement fut extrême; &, ne concevant rien à cette nouvelle maniere de semer pour recueillir, je me hâtois de la rassurer par l'exhibition de huit cents pieces en or, & d'environ six mille qui me restoient en papier. A cet aspect, les roses renaissoient sur son teint, & ses regards s'arrêtant avec joie sur un fonds aussi précieux, elle me fit admirer la part qu'elle prenoit à mes intérêts; ses tendres protestations acheverent d'é-

Tome I.

carter l'image de mon malheur & de ma sottise, & furent terminées par l'assurance que je lui donnai, de me rendre le soir auprès d'elle. La Belle, consolée, me laissa dans les plus douces rêveries. Je sortis moi-même peu de temps après, pour aller dîner chez le Comte ***.

Il avoit rassemblé compagnie nombreuse ; elle étoit presque entiérement composée des personnes que j'avois vues chez le Baron. Je fis attention que le vieux Colonel y étoit tout aussi impatronisé que le Docteur chez ce dernier. On servit un dîner fort splendide. Tout annonçoit dans cette maison qu'on faisoit honneur à la succession du vieux Banquier, par le contraste parfait de toutes les voies qui, pendant un demi-siecle, lui avoient servi à accumuler. Le jeu succéda encore ici à la bonne chere : pour le coup, j'y fis merveille ; outre l'argent comptant qui pouvoit monter à deux cents louis, j'en gagnois, en me retirant, quinze cents autres sur parole, au Marquis de *** : chose merveilleuse, & qu'on aura peine à croire ! Ce Marquis, gendre du Baron, étoit un Gascon ; & les gens de cette province ont presque le talent des Piémontais pour commander à la Fortune. Après une victoire aussi distinguée, je fis un figue au Docteur, & nous sortîmes.

Eh bien ! me dit-il, vous voyez que la Fortune est journaliere au jeu comme à la guerre : encore une séance comme celle-ci, & il ne restera pas la moindre trace du souper fatal d'hier. Vous ne sauriez croire combien je suis enchanté de ce retour de chance. Je le remerciai assez tranquillement. L'heureux caractere, s'écria-t-il, toujours égal dans la perte ou dans le gain ! En nous entretenant ainsi, nous arrivions chez la Demoiselle *** ; mon air clair & serein, aidé d'un clin d'œil du Docteur, donna à deviner, dès mon entrée, que j'apportois de bonnes nouvelles ; il se hâta d'en instruire les Dames. — J'en suis enchantée, dit la Demoiselle *** en m'accablant de caresses ; mais après cela il faut être sage & ne plus jouer. — Je suis fort de cet avis, reprit le Docteur avec prud'hommie. — Passe pour une petite partie comme notre vingt-un de l'autre jour, ajouta la maman d'un ton affectueux : ça ne ruine pas du moins, l'on va se coucher comme si rien n'étoit. Elle se répandit ensuite en lieux communs pathétiques, contre la funeste passion du jeu, & ne tarissoit point d'anecdotes que le Médecin avoit soin d'adoucir par les modifications qu'il se hâtoit d'y joindre. Cette conversation fut prolongée bien avant dans le souper : à chaque trait de morale que me détachoit la vieille, la jeune, se penchant amoureusement vers moi, me disoit : Entendez-vous bien, mon bon ami ?

La soirée acheva de s'écouler ainsi. Pendant que j'étois enchanté du zele de ces Dames, le Docteur disparut sans m'avertir, & s'en retourna dans mon carrosse. Quelques instans après, je me retirai avec la Demoiselle ***. Eh bien ! dit-elle, vous avez donc gagné ? Gardez cet argent-là ; il vous portera bonheur. Il n'en falloit pas davantage pour piquer mon humeur prodigue : par cette raison-là même, je voulus partager mon gain avec elle : elle s'en défendit avez chaleur ; je fus plus d'une heure avant de l'y résoudre : cédant enfin à mes instances : Je vous le garderai, dit-elle, & si jamais vous êtes en guignon, vous le trouverez ici. Ravi de son idée, je lui remis la somme entiere, qu'elle versa dans sa bourse. Celle d'une fille de l'Opéra est comme les gouffres de l'Achéron ; jamais ceux-ci ne lâchent leur proie : il en est de même de l'autre. Tous les trésors de la banque d'Angleterre y entreroient : mais pour en ressortir, *hoc opus, hic labor est.*

Tel fut le sort d'un argent gagné avec tant de peine & de bonheur. On va voir que je ne fus guere plus chanceux dans l'emploi que je fis de celui dont le Marquis étoit resté mon débiteur.

Vᵉ. JOURNÉE.

Agiotage; grandes affaires; dénouement fâcheux.

JE quittai la Demoiselle ***, le lendemain vers midi. En rentrant chez moi, je trouvai le Docteur. On m'avoit dit à la porte, que depuis deux heures on m'y attendoit avec impatience. Mon cher Milord, me dit-il, il y a long-temps que je suis ici; comme j'ai une affaire importante à vous communiquer, j'ai guetté votre retour. Je viens vous trouver de la part de ce malheureux Marquis que vous avez tant maltraité hier au jeu. Dès le grand matin il s'est rendu chez moi ; le pauvre homme m'a fait pitié. On n'a point dans ce pays-ci d'immenses fortunes comme en Angleterre. Sa désolation est extrême. Comme l'honneur lui prescrivoit de vous payer dans les vingt-quatre heures, il a été obligé de confesser son embarras à son beau-pere le Baron de *** : il s'attendoit, avec raison sans doute, à trouver des ressources dans sa caisse ; mais le sort l'a encore trahi là. Toute immense qu'est la fortune de celui-ci, son génie entreprenant y cause souvent des vides ; l'infortuné Marquis ne sait comment faire.... — Eh bien ! qu'il prenne son temps, pour moi je ne suis point pressé. — Cela est bien honnête ; mais permettez que je vous parle ingénument : mauvaise maxime que de laisser languir une dette de jeu ; cela peut exposer à des revanches qui éternisent les choses, & d'ailleurs anéantissent tous nos avantages ; votre intention n'est point de passer votre vie à un tapis vert. J'ai bien avisé en moi-même un arrangement par lequel vous seriez payé tout de suite, & même avec des avantages considérables ; mais j'ignore s'il vous conviendra. — Expliquez-vous mieux, & je vous en dirai mon sentiment. — Au reste, il pourroit aller jusqu'à vous indemniser de toutes vos dépenses ici.

— Je vous entends encore moins. — Il est vrai que cela exigeroit un peu de patience, & sur-tout certain esprit de spéculation. — Voyons donc enfin. — Mon cher Milord, prêtez-moi, s'il vous plaît, attention. J'ai vos intérêts à cœur ; c'est ce soin qui m'a inspiré l'idée dont je devois vous entretenir ; elle m'appartient toute entiere ; je n'ai aucune certitude, mais de fortes espérances de la faire réussir. Le Baron a une des plus fortes têtes que la Nature ait jamais organisées ; il spécule avec autant de profondeur que de sûreté aussi la confiance publique vole au devant de ses projets. Les plus brillans succès ont appris à les apprécier. Il s'est surpassé en dernier lieu : l'Espagne receloit depuis long-temps dans le sein de la terre, des trésors cachés ; tandis qu'elle alloit à grands frais en ramasser dans le Nouveau Monde, elle négligeoit ceux-ci. L'œil du génie voit tout. Le Baron, à qui il n'a jamais manqué, y suspecta plus de métaux précieux, que n'en produisent ensemble le Pérou

& le Potose : mais il s'agissoit de rouvrir ces mines profondes ; cela demandoit de grands frais. Il a fallu s'appuyer d'une compagnie puissante, & la composer d'un certain nombre d'actionnaires. Cette riche & solide entreprise a acquis le plus grand crédit. J'ai pensé, Milord, à saisir cette occasion, pour vous obtenir une part aux richesses immenses qu'elle promet. — Je ne conçois pas encore bien cela. — Rien cependant n'est plus simple. Les quinze cents louis qu'on vous doit, serviroient en partie à une acquisition aussi avantageuse : il faudroit peut-être y ajouter quelque chose ; mais ce seroit de l'argent bien placé. Je présume assez de mon crédit sur l'esprit du Baron, pour l'engager à vous faire l'abandon d'une des actions qui lui restent. — En vérité, mon cher Docteur, vous êtes un homme admirable ; mais croyez-vous que le Baron ne connoisse pas trop la valeur de ces effets, pour consentir à ce marché ? — Laissez-moi agir ; c'est un homme généreux autant que sage : il est infiniment sensible aux beaux procédés. Il aime tendrement sa famille ; je me charge de faire valoir le vôtre envers son gendre : il ne faut qu'un peu d'adresse pour conduire tout cela. Entre nous, savez-vous bien, Milord, que ce sera un grand coup ! Le séjour de cette Capitale, ruineux pour tant d'autres, sera pour vous l'époque d'un accroissement de fortune, qu'en honneur je crois infaillible. — Je remets absolument mes intérêts en vos mains, lui dis-je avec reconnoissance. Le Docteur loua mon bon esprit, & le félicita d'une aussi bonne pensée.

Pendant qu'il étoit allé travailler aussi solidement à l'augmentation de ma fortune, mes occupations ordinaires remplissoient ma matinée : j'attendois avec impatience le résultat d'une négociation dont il me faisoit espérer d'aussi grands avantages. Non moins habile Agent, qu'adroit Mercure, le Médecin reparut, tenant à la main un très-beau fragment de minéral. Tenez, dit-il, voilà un échantillon que l'on a tiré de la fource intariffable de vos richeffes futures ; c'eft prefque pur argent. Je confidérois ce morceau, qui me donnoit une idée des tréfors cachés fous l'enveloppe de la terre du Tobofo. Il vous en coutera, dit-il, quelque addition aux quinze cents louis ; mais c'eft femer pour moiffonner au centuple. Le Baron en agit on ne peut pas plus noblement ; chaque action vaut actuellement à la bourfe de cette grande Ville plus de cent mille livres tournois ; encore à ce prix on fe les arrache. Il vous donne celle-ci pour vingt-quatre mille écus. Ce fera quinze cents louis à ajouter à autant que l'on vous doit. Tandis que le Docteur redoubloit ainfi de perfuafion, ma crédulité & ma folie redoubloient auffi. Il me mena faire un dîner familier à l'Hôtel de ***; on m'y combla de careffes : on parla d'affaires ; en peu d'heures j'en fortis avec un très-beau château en Efpagne, pour mes trois mille guinées, & la tête remplie de vents & de chimeres.

J'avois encore écorné mon portefeuille des quinze cents louis qu'il m'avoit fallu ajouter à mon gain, & je croyois avoir fait un coup de maître. A une journée aussi remplie des faveurs de la Fortune, succéda la soirée la plus dissipée. Moyennant mon habile spéculation, mes plaisirs passés me coutoient si peu de chose, que j'étois bien résolu de les multiplier à l'avenir. Je parcourus tous les spectacles, & à la suite d'un grand souper que je donnai à Sire Walter, & à quelques autres amis, les sens échauffés de bonne chere, l'esprit exalté de flatteuses espérances, je regagnai l'heureuse rue de Richelieu.

Il étoit très-tard; la Demoiselle *** m'avoit probablement supposé aussi sérieusement occupé que deux jours auparavant chez le Major Saggs; elle ne m'attendoit plus. J'apperçus cependant par les fenêtres des appartemens, qu'ils étoient encore éclairés. Je montai lestement, &, traversant l'antichambre que la négligence des valets avoient laissée entr'ouverte, je pénétrai sans bruit

bruit jusqu'au sallon. Quelle fut ma surprise & mon horreur, quand j'apperçus sur une ottomane un inconnu entre les bras de ma Belle ! mon entrée fit envoler les plaisirs, & succéder l'effroi & la confusion. Ce n'étoit pas tout ; je perdis la parole, quand le quidam qui jouissoit des droits que je croyois réservés à ma seule tendresse, m'eut découvert son visage en se relevant. L'indignation & la colere me rendirent stupide pendant une minute : c'étoit le créancier au petit mémoire, l'impitoyable M. Chiffon ; mais bien différent de ce qu'il étoit la veille : élégant comme un maître à danser, frisé comme un Abbé ; sa métamorphose l'auroit rendu méconnoissable pour tout autre œil que celui d'un Amant irrité. Revenu à moi, je jetai un grand cri, & regagnant la porte, je la fermai avec violence. Pensif & confus, je retournai à mon Hôtel, où je passai toute la nuit dans les insomnies que devoient produire d'affreuses alternatives de jalousie & de honte de me voir ainſi joué. Je ne me doutois pas encore que ces accidens étoient communs, & formoient la cataſtrophe ordinaire de toutes les intrigues qu'on lioit avec les Demoiſelles de l'Opéra.

VIe. JOURNÉE.

Réflexions ameres. Changement de ſcene. Viſite honorable. Rechute.

J'AVOIS éprouvé, pendant toute la cruelle nuit que je venois de paſſer, le combat le plus affligeant & le plus ſingulier au dedans de moi. Tout honteux que j'étois d'être dupe, mes ſens étoient charmés ; & luttant contre ma raiſon, celle-ci avoit peine à remporter la victoire. Enfin la réflexion armant mon orgueil, elle prenoit le deſſus ; & peut-être que, ſi je n'avois pas appelé à mon ſecours le guide perfide & ſéducteur qui trompoit ma jeuneſſe, l'iſſue de cette folie auroit ſuffi pour prévenir toutes les autres. Inſtruit des perfidies d'un amour mercenaire, je ne me figurois pas qu'on abuſât de même des apparences de l'amitié. J'accuſois le Docteur de crédulité & d'erreur comme moi-même, & mon ame franche & naïve ſe donnoit bien de garde de le ſuppoſer complice d'une trahiſon dont je concevois à peine la noirceur.

De bon matin, je l'envoyai chercher. J'étois impatient de verſer dans ſon ſein mon chagrin & mon humiliation. La perſpective aſſurée de tous les tréſors de l'Eſpagne, avoit beau flatter ma cupidité & m'offrir une ample indemnité de l'or prodigué à la ***, ce ſentiment n'eſt pas le plus fort dans un jeune homme vain. Mon amour-propre n'étoit pas conſolé, & il revenoit toujours préſenter à tous mes reſſentimens une image horrible & révoltante, quoique ma jalouſie fût éteinte.

J'attendois le Médecin avec la plus vive impatience; chaque inſtant étoit un siecle. Il parut enfin à demi-habillé, tant mon émissaire l'avoit excité. Eh bien! lui dis-je avec l'accent tremblant & confus de la rage, on me trompoit avec la derniere indignité : l'auriez-vous jamais cru ? — Qui donc ? répondit-il tout décontenancé. — L'abominable femme dont vous aviez si bonne opinion. — Cela est-il possible ? — Possible ! c'est un fait...... Cette nuit j'ai surpris...... je ne puis vous exprimer ma juste fureur. — Comment, Milord ? expliquez-vous, de grace. — Quoi ! mon cher ami, un coquin, un misérable, à qui j'ai payé, il y a deux jours, un prétendu mémoire. — Je tombe de mon haut. Sexe abominable, s'écria-t-il levant les yeux & joignant ses deux énormes mains, voilà donc de vos caprices ! Ah ! que m'apprenez-vous ? quoi ! cette fille dont les sentimens m'avoient séduit ! Beaucoup de ces femmes-là ont des fantaisies ; je n'aurois jamais soupçonné celle-ci.

Nous observâmes alors l'un & l'autre une pause de quelques minutes. Le

Docteur faisant mine de réfléchir, poursuivit d'un ton plus raffermi : — Après tout, il est heureux que vous ayez fait à temps cette découverte, toute désagréable qu'elle est. Vous alliez un peu vîte ; c'eût été grand dommage que vos libéralités eussent continué à tomber sur un objet aussi indigne. Permettez le terme à mon amitié ; les plus courtes folies sont les meilleures. — Loin de calmer mes sens, ces derniers mots du Docteur me donnoient, à mes propres yeux, un air de sottise. Alors sortant des bornes où je m'étois contenu jusqu'à ce moment, je me répandis en ridicules menaces & en imprécations puériles. — Mon sage Mentor épuisa son éloquence à me faire concevoir la petitesse d'un éclat, & même son danger. Il entra pour cela dans le détail des infames prérogatives de toutes les femmes qui sont inscrites sur le catalogue de l'Académie Royale de Musique. Enfin, à force de pérorer sur les conséquences d'un bruit & d'un scandale aussi indécent que superflu, il vint à bout de me rendre un peu à moi-même.

Le sérieux que les circonstances avoient jeté naturellement dans notre entretien ; faisant un peu treve au délire auquel j'avois été en proie depuis que j'avois mis le pied à Paris, je me souvins dans ce premier intervalle, qu'il y existoit un certain Chevalier ***, pour qui j'avois des recommandations des Lords H.... & S.... C'étoit m'y prendre un peu tard pour en faire usage. Si quelque chose avoit pu m'excuser de cette négligence, c'est que je n'avois pas même entendu prononcer un nom aussi respectable parmi les originaux de toute espece que j'avois fréquentés depuis mon arrivée. Je m'en ouvris au Docteur. — Hé, mon Dieu ! je suis votre homme, s'écria-t-il avec emphase ; le Chevalier n'a pas un plus cher ni un meilleur ami que moi ; que ne parliez-vous plus tôt ? mais il est inutile de lui dire depuis quel temps vous êtes à Paris. Je montai en voiture, sous l'escorte du Docteur,

& nous fûmes à Neuilly. Le Docteur me parut en effet très-familier dans la maison : si l'accueil du Maître avoit répondu à celui des gens que nous rencontrâmes en entrant, j'aurois dû en conclure que son crédit étoit encore plus excessif chez le Chevalier ***, qu'à l'Hôtel de ***.

Le Chevalier parut enfin : c'étoit un homme de quarante ans, d'une figure noble, d'une physionomie remplie de bonté & d'expression. Je m'apperçus qu'il faisoit le plus grand cas des recommandations que je lui avois remises. Je fus, après quelques instans, aussi à mon aise avec lui, que pouvoit l'être un homme qui avoit dans la tête la dose de folies qui faisoit fermenter la mienne.

Je fus retenu à dîner chez le Chevalier ***. Les convives qui y arrivèrent étoient des hommes connus par de grands talens : Messieurs ***, ***, le Chevalier ***. Mais la gravité des Sciences & la rudesse qui accompagnent souvent l'étude profonde & suivie, n'altéroient point chez eux l'aménité des mœurs. Je regrette bien de n'avoir point été assez préparé à goûter en même temps l'utile & l'agréable, pour m'être attaché dès-lors à des gens que je cultive aujourd'hui, avec autant de fruit que d'agrément.

A ceux-ci, vint se joindre un jeune homme. Au moment où il arriva, le visage du maître du logis parut s'épanouir : il parut aussi satisfait qu'un pere qui voit un fils, pour qui il a une tendre prédilection. La longue physionomie du long Docteur parut au contraire deux fois plus longue que de coutume. Sans faire beaucoup d'attention à ce dernier, Bouillac (c'est le nom du jeune homme) eut bientôt une grande part à l'entretien. Je ne pus m'empêcher d'admirer le tour heureux de tous ses discours, l'étendue de sa vaste & rapide imagination. Il faisoit également usage de notre Langue & de la Françaife, & tour à tour jetoit, sur tous les objets, ou les fleurs, ou le fiel. On l'écoutoit avec plaisir ; mais il étoit impossible de s'empêcher de lui reprocher, en soi-même, un tour caustique, sur lequel le Chevalier ***, malgré l'extrême partialité qu'il m'a toujours paru avoir pour lui, ne lui faisoit pas absolument grace. Tous les efforts que faisoit le Docteur pour être quelqu'un dans cette maison, aidés de mes préventions pour lui, ne purent me déguiser la nullité où il étoit tombé vis-à-vis de cette assemblée. Il ne disoit plus rien ; il étoit anéanti : son air décisif & impérieux s'étoit sur-tout évanoui, depuis que Bouillac étoit entré. Déconcerté & tremblant, par l'appréhension du sarcasme, dont celui-ci lui faisoit voir la pointe, il eut recours à une peinture clandestine qu'il m'en fit tout bas, comme d'un homme encore plus haïssable & dangereux, qu'éloquent & spirituel.

Je m'apperçus bientôt des raisons que le Docteur pouvoit avoir de m'inspirer cette idée. Le mordant Bouillac tympanisa de la maniere la plus cruelle, presque tous les personnages avec qui le Docteur m'avoit mis en liaison. Le Chevalier *** s'informa des connoissances que j'avois à Paris, & des bons Maîtres pour tous les exercices qui convenoient à un jeune homme de ma naissance. Le Docteur, pour prévenir le détail que j'aurois pu faire à toutes ces questions, se hâta d'y répondre lui-même. Il parla de mes progrès sous l'Abbé F.... & le S....; G...., & ajouta que bientôt j'irois à l'Académie de D.... G.... Le chapitre des connoissances qu'il m'avoit procurées, fut légérement effleuré. Il parloit avec réserve, & comme d'une chose accidentelle, de ma liaison avec le Baron, &, glissant avec dextérité par-dessus la mine du Toboso, il ne fut question ni de cette acquisition merveilleuse, ni de la part qu'il avoit eue à me la faire faire. Pendant que le Médecin battoit la campagne sur tous ces articles, Bouillac souriait malignement, &, multipliant les questions, se plaisoit à redoubler son embarras. Le Chevalier *** mit gravement fin à ses désolantes escarmouches & à ses ironies perpétuelles, en prenant un ton plus sérieux. Il vaudroit beaucoup mieux, Milord, dit-il, que vous fréquentassiez des cercles différens de ceux où vous êtes tombé. Vous n'apprendrez à connoître ni la Nation, ni les mœurs : d'ailleurs, prenez-y bien garde, jeune & riche comme vous l'êtes, vous rencontrerez bien des piéges : ce pays-ci en est rempli ; les femmes surtout. Avec les hommes, vous pouvez perdre votre argent ; avec celles-ci on risque bien davantage. Ici, Bouillac, regardant le Docteur, dit : Bon, bon ! ce que vous perdriez avec elles, Milord, M. le Docteur vous le fera retrouver. Il a fait, dans ce genre, des expériences merveilleuses sur tant de jeunes Anglais ! A ce trait malin, il fit succéder un commentaire long & plaisant, sur le texte que le Chevalier *** venoit de lui fournir. Il peignit les foyers, leurs dangers, les dénouemens des aventures qu'on y rencontroit ; j'aurois cru presque qu'il savoit mon histoire :

je rougissois, & mon cher Mentor perdoit patience. Toute l'assemblée rioit beaucoup du sel & de la chaleur des portraits. Le Docteur me disoit tout bas à l'oreille : Cet homme a la langue d'un serpent, je crois qu'il ne finira pas d'aujourd'hui. Quelques instans après, redoutant les impressions qu'il pouvoit faire tomber sur moi, il me fit prendre congé. Eh bien ! me dit-il en nous en retournant, vous venez de voir, Milord, des Beaux-Esprits & des Savans avec leur cortége ordinaire, l'enthousiasme & la critique. Vous voyez qu'on a beau dire, c'est une triste société. La vanité, tout au plus, peut y conduire & lui prêter quelques agrémens ; il faut pourtant que je rende justice au Chevalier ***, il a aimé les plaisirs, & a été abordable ; mais depuis que son maudit Bouillac l'a séduit par son caquet, tout est changé : j'ai fait la pluie & le beau temps dans cette maison, moi qui vous parle. Cet homme est cause que je n'y mets plus le nez, sans en sortir mécontent.

mécontent. Je ne conçois pas comment on peut avoir la foiblesse de s'en coiffer : on ne le connoît pas, il est au fond très-vicieux ; mais cela n'a pas le fou. Glorieux de son triste mérite, pour se dédommager, il tranche du Caton, joue toutes les femmes, & déchire tous les hommes. Je vous confesserai avec candeur, que, si j'avois prévu le rencontrer chez le Chevalier ***, je vous aurois prié de remettre notre visite à un autre jour. Cet homme est un enragé, son mal se communique. Diriez-vous qu'en le fréquentant, le Chevalier *** en est venu à ne plus croire un mot de tout ce que je lui dis ? La chaleur de la harangue du Docteur avoit fait impression sur mon esprit. En vérité, dis-je, c'est quelque chose d'inconcevable ; ce jeune homme est plein d'esprit ; mais il faut que ce soit un mauvais caractere. — Oh ! un caractere abominable ; tout ce qu'il touche se flétrit sous ses mains. Les choses les plus innocentes deviennent des horreurs.

Tome I. L

La plus légere galanterie eſt débauche crapuleuſe ; le moindre foible pour le jeu, duperie inſenſée, ou excroquerie ſyſtématique : moi, Milord, moi qui vous parle, parce que j'ai quelque complaiſance pour mes amis, il m'a, cent fois, dans ſes tableaux malins, revêtu de la caricature du plus plat & du plus déterminé Ma...—O le mauvais eſprit ! — Avez-vous fait attention aux railleries ſanglantes qu'il a lancées contre le Baron de *** ? c'eſt par envie, Milord ; car ce perſonnage a des prétentions à tout. Ne parlons pas davantage de cet homme : je vous conſeille d'autant plus de l'éviter, qu'il eſt artificieux & ſéduiſant. J'aſſurai le Docteur qu'il ne me feroit jamais illuſion.

Je n'avois pas de projet formé pour la ſoirée ; par conſéquent elle devoit être fort déſœuvrée. J'avois ſur la phyſionomie cette eſpece de ſérieux qni peint le loiſir ennuyeux & le beſoin de diſtraction. Le Docteur ſavoit combien il eſt voiſin de la réflexion chez preſque tous les Anglais. Eh bien ! dit-il, il s'agit de prévenir ce soir l'ennui qui vous gagne à la suite de tant de doctrine & de méchancetés. Venez avec moi chez ***, il vous en fera oublier jusqu'à la moindre impression. Je me laissai conduire.

Ce *** étoit ce même Banquier que son zele officieux m'avoit recommandé dès les premieres heures de notre connoissance. Je trouvai, en y arrivant, les plus étranges bigarrures. Celles de chez le Baron de *** n'en approchoient pas. Si le plaisir naît & s'entretient dans la cohue, cette maison est certainement son temple & son asile. Le maître du logis, grand fabricateur de systêmes, parieur extravagant, composé étonnant & ridicule de la présomption Française & des manies de nos piliers de café, m'en fit les honneurs, ainsi que ceux de son esprit, avec bien plus de fracas que de véritable politesse. Il me présenta un vieillard dont les traits avoient quelque rapport avec ceux du patelin Colonel

Cunning; mais leur tournure étoit plus juive. C'étoit le bouffon de la maison. Cet homme, à force d'être ordurier, croyoit être plaisant: à soixante-dix-sept ans, il venoit, par pure facétie, d'épouser une prétendue Agnès de quatorze. Les ridicules dont ce personnage affectoit de se couvrir pour amuser les rieurs, lui avoient ouvert des portes considérables: l'emploi de bouffon est volontaire, & le meilleur de tous aujourd'hui chez les Grands. Il s'en étoit formé un chemin couvert, par lequel son avarice avoit atteint son but; & à force de se rendre comiquement méprisable, il étoit sorti de l'indigence & du néant.

Le second personnage qui brilloit dans ce cercle, étoit un petit homme gros & ramassé, aussi rempli de pétulance que diapré de bourgeons, à voix rauque & perçante. C'étoit un vrai Silène. Cet homme avoit fait autrefois beaucoup de bruit à Paris sous le nom de Milord ***. Après s'être laissé dépouiller par une Courtisane célebre, il avoit été réduit au nom plus modeste de M. ***, & tour à tour avoit habité la Bastille & le For-l'Evêque : sans une succession considérable qui vint à propos rendre du relief à la progression de son inconduite, il étoit dans le droit chemin de terminer ses travaux par B***.

Un troisieme Acteur figuroit dignement avec les précédens : c'étoit un fugitif d'Angleterre. Muni d'un emploi qui lui procuroit le maniement des deniers de nos troupes, il avoit disparu avec des sommes très-considérables. Cette adroite soustraction l'aidoit à végéter dans cette Capitale, entre quelques prostituées, dans une retraite obscure, à l'extrémité d'un de ses fauxbourgs. Une multitude d'agioteurs de toute espece & de tous états, formoient, par groupes diversement occupés, ou d'un jeu très-intéressé, ou d'un entretien follement politique, le reste de l'assemblée. Là, le démon du gain souffloit toute sa sombre fureur & tous ses emportemens : ici, la manie des spéculations, toutes ses absurdités. Des farces licencieuses & grossieres varioient & formoient intermede à tout ce tintamare. Pour le coup, le Docteur s'étoit trompé ; malgré tous les efforts qu'il fit pour faire valoir *** & sa maison, je ne pus jamais y trouver d'attrait. Aussi, agissant pour la premiere fois, depuis mon arrivée, d'après ma propre impulsion, je n'y fis qu'une courte visite. J'avois sous les yeux le contraste des objets si divers que j'avois vus ce jour-là, & il auroit opéré des effets salutaires, si, au sortir de là, l'habile Médecin ne s'étoit hâté de changer sa batterie. Il me mena prendre le frais au Palais-Royal ; c'est le théatre des aventures les plus fréquentes. Celle que je vais conter arriva, du moins en apparence, sans préparation, & fut l'effet d'un hasard imprévu, quoique l'étendue des vûes & la sagacité du Docteur puissent bien aller jusque là, & faire naître aussi imperceptiblement les circonstances.

Je rencontrai Sire Walter dans la

grande allée : il me proposa à souper dans le voisinage du Palais. J'acceptai : il me mena chez la fameuse ✱✱✱. Depuis un mois environ, il s'étoit embarrassé de cette femme insatiable, & elle usoit, avec son avidité accoutumée, des libéralités du Baronnet. Mademoiselle ✱✱✱ occupoit un petit Hôtel élégant & commode ; la magnificence & la richesse de toute sa décoration intérieure déposoient des sottises qu'elle a fait faire. Tout ce que j'avois trouvé si brillant chez la ✱✱✱, se réduisoit, par comparaison, à une propreté élégante, & à un luxe de simple commodité. Ce n'étoit rien au prix de ce qui s'offroit à mes regards.

Les degrés qui conduisoient à plusieurs anti-chambres, aussi bien que celles-ci, étoient couverts d'une multitude de valets vêtus de livrées différentes. Je m'attendis à trouver, par conséquent, un cercle nombreux & distingué dans les appartemens. En traversant cette foule, je remarquai que plusieurs de ces Messieurs parodioient excellemment, auprès des Soubrettes, les empressemens & la galanterie aisée de leurs patrons auprès des Maîtresses. Enfin nous parvînmes au sanctuaire. Que de Sacrificateurs entouroient l'idole ! Je fus présenté par Sire Walter. En voyant cette Courtisane célebre, je trouvai sa figure beaucoup au dessous de l'idée que m'en avoit fait concevoir l'éclat qu'elle avoit fait à Londres, comme à Paris. Je ne puis nier, cependant, qu'elle n'eût, à un très-grand point, ce genre d'agrémens qui remplacent avantageusement la beauté, & touchent bien plus qu'elle. J'en fournirai la preuve par les effets qu'ils firent sur moi. Le premier accueil fut doux & civil; je fus très-content.

La Demoiselle *** avoit, aussi bien que la traîtresse ***, une compagne. Elle étoit comme l'autre, suivant l'ordonnance, je veux dire beaucoup moins jolie : c'étoit, disoit-on, une cousine, dont, malgré cette inégalité de charmes & d'appas, elle prétendoit faire le *chemin* ; expreſſion commune ici à celui qui aſpire aux honneurs de la guerre & à toutes les C—ns qui viſent à des rentes viageres. Mon compliment fait à la Maîtreſſe du logis, la couſine eut ſon tour. J'entendis que, ſe penchant vers l'autre, elle lui diſoit à l'oreille : Quoi ! c'eſt-là ce pauvre petit Milord de *** : eh ! mais, il eſt fort joli. Oh ! elle a eu tort, & méritoit bien ce qui lui eſt arrivé. Je rougis & ne pus pas bien démêler ſi c'étoit honte ou plaiſir qui excitoit en moi ce propos. Ma vanité en ſouffrit & s'applaudit en même temps ; & ces deux mouvemens ſe confondoient.

La cour brillante & nombreuſe qui environnoit ces Dames, m'étoit abſolument inconnue. Sire Walter, que ſes liaiſons avec elle n'avoit pu manquer de mettre auſſi en liaiſon avec ſes connoiſſances, me nomma le Marquis de ***, Monſieur de ***. Je me reſſouvins que le Docteur me les avoit cités comme la fleur des Agréables ; il m'y fit auſſi connoître le Comte de **, le Chevalier de ***, & quelques autres moins célebres dans la chronique des Ruelles.

Les deux premiers que je viens de nommer, sembloient avoir, dans ce logis, des prérogatives de fondateurs. Quoiqu'alors Sire W.... en fît tous les frais, ils en faisoient les honneurs; mais c'étoit avec si peu d'affectation & tant de graces, qu'à la place du Baronnet, il me semble que je leur en aurois su gré.

En si brillante compagnie, le souvenir de mes disgraces s'effaçoit insensiblement. Une noble émulation me gagnoit & le faisoit disparoître. Il est probable que les premiers efforts que je faisois pour sortir de ma roideur Anglaise, devoient augmenter ma gaucherie : on en rioit sous cape. Les louanges qu'on donnoit à ma bonne mine & à mon air d'aisance, ne pouvoient être qu'un persiflage sanglant. Cependant, comme la Demoiselle *** parloit assez intelligiblement l'Anglais, j'avois lieu de déployer ma galanterie.

J'en étois un peu moins taciturne. Quant aux belles manieres qui me manquoient, je faisois intérieurement le souhait de venir m'y former rapidement à si bonne école.

A souper, on me fit les honneurs : je fus placé entre les deux cousines. La chere qu'on m'avoit fait faire chez la Demoiselle de la rue de Richelieu, étoit délicate & recherchée; mais ici, c'étoit la profusion de Nomentanus. Aux Seigneurs qui formoient le gros des convives, étoient mêlés des Artistes & des Virtuoses, dont les talens, au dessert, embellirent la fête. Le jeu ayant succédé à un repas splendide, je m'y livrai avec prudence & m'en retirai à bon marché.

Pendant tout le temps que je restai chez Mademoiselle ***, elle n'avoit cessé de m'entretenir, sous le prétexte de parler seule ma Langue : elle m'avoit même traité avec une distinction qui auroit alarmé tout autre que Sire W.... Je l'accusois souvent en moi-même d'ingratitude & d'imprudence; le calme

& grave Chevalier avoit heureusement plus de faste que d'amour, & les miseres dont celui-ci a coutume de s'alarmer, échappoient à ses yeux, ou glissoient sur son cœur. Je ne fus pas long-temps non plus à avoir la clef de cette singuliere conduite, de la part de tous deux. Le Baronnet m'apprit lui-même que ses affaires le rappeloient à Londres, & que sous deux jours il partoit. La Demoiselle songeoit sans doute d'avance à réparer le vide qu'elle pressentoit, d'une maniere digne de ses prétentions ; & pour cela, elle avoit appris, par expérience, à préférer l'Angleterre. J'aurois, sans contredit, dû mépriser ces motifs de préférence assez faciles à saisir ; mais j'étois méconduit par la vanité & égaré par le ressentiment. Dans un âge où la raison ne se fait guere entendre, dans un lieu d'où on a soin de la bannir, ou de l'enivrer, il n'est guere possible d'en prendre conseil. Je sortis très-flatté, & par conséquent très-sensible déjà à des
avances

avances qui m'offroient l'occafion d'exciter le dépit de l'abominable ***.

Le Docteur, qui, pendant toute la foirée, avoit paru me perdre de vue & s'être faufilé avec les aimables de la fociété de Mademoifelle ***, n'en avoit pas moins étudié ma contenance & deviné mes difpofitions. Il étoit homme à ne les combattre qu'autant qu'il falloit, pour fe mettre à couvert en cas d'événement, tout en les fortifiant au fond. Il s'y prit pour cela avec fa dextérité ordinaire. Il m'abandonna, à ma porte, à des réflexions moins morales que celles du matin. En attendant le fommeil, je me mis à bâtir des projets de plaifir & de vengeance.

VIIe. JOURNÉE.

Suite des desseins amoureux. Entretien naïf d'une Courtisane exaltée avec un Serviteur adroit. Singulier traité.

Mon enthousiasme de la veille revint avec mon réveil. Quelle différence, me disois-je en moi-même, de nos épais & lugubres *Rostbeefs*, aux hommes merveilleux que j'ai vus hier! ah! si je pouvois leur ressembler! Oh! la belle *** me donnera ce secret-là. Il vaut bien la petite atteinte qu'il faudra encore porter à mon portefeuille.

Quelque prétexte que cet espoir d'acquérir des perfections aussi éclatantes pût fournir à mon goût naissant pour cette Beauté, mon aventure burlesque avec la Demoiselle *** étoit si récente, que je sentois quelque scrupule, & voyois un peu de ridicule à me rembarquer si tôt sur une mer où je venois de faire un humiliant naufrage. J'en étois à quelques réflexions sur ce sujet, quand *Provence*, mon Valet de chambre, vint m'offrir son ministere pour sortir du lit.

J'avois coutume de dire mes secrets à ce digne Serviteur : il faut qu'un jeune homme ait toujours un Valet confident, & que celui-ci, moitié Domestique & moitié compagnon du Maître, ait l'adresse & les ruses d'un Valet de Comédie. *Provence* occupoit cette place auprès de moi. Je lui dis donc ma nouvelle flamme & mes projets. Cet homme, grace au Docteur, avoit été suspendu de ses fonctions & de ses honoraires dans l'aventure précédente : il saisit avec avidité l'occasion de s'y réintégrer. Il partit, fit son message, & peu de temps après, il revint m'instruire de son succès.

Comme mon émissaire rentroit & avoit déjà la bouche ouverte pour me faire le récit de sa négociation, il apperçut le Docteur qui étoit venu me voir pendant son absence. A son aspect il s'arrêta ; il étoit facile de pénétrer, par cette réticence, la crainte qu'il avoit de se voir enlever la conduite de cette importante affaire. Le Docteur, voilant assez adroitement les soupçons qu'il pouvoit concevoir, affecta de la discrétion, & m'offrit de sortir si j'avois quelque chose de pressé ou de secret. Eh ! non, mon cher Docteur, lui dis-je en souriant, j'ignore pourquoi Monsieur *Provence* se déconcerte : je ne veux rien avoir de caché pour vous. Il faut, au contraire, que vous appreniez, en même temps que moi, ma bonne fortune ou ma disgrace ; il faut d'abord que je vous mette au fait. Le souper d'hier au soir m'a mis au rang des Admirateurs de Mademoiselle *** : mais, à la vérité, ce sentiment n'a point encore acquis assez de force pour que je puisse en patir beaucoup, si j'échoue ; quoique je croye m'être apperçu que la Belle avoit pour moi certaines attentions fines & significatives. — Oui vraiment, très-significatives, dit-il, & pour vous dire ma pensée avec franchise, en la voyant chuchoter éternellement à votre oreille, je vous ai même cru très-avancé. Prenez-y bien garde cependant : Milord, vous savez par votre propre expérience, combien les femmes sont étranges ! — Oh ! répartis-je, il faut passer par-dessus quelques petits défauts ; si l'on se souvenoit toujours de la tempête, on ne se remettroit jamais sur les flots. D'ailleurs, mon cher Docteur, il y auroit bien de l'injustice à vous, à soupçonner toutes les femmes, parce que vous vous êtes laissé surprendre à l'air de pruderie de ***. — Oh ! Milord, répondit-il, ce n'est pas mon coup-d'œil que je prétends venger ; j'ai trop d'attachement pour vous, pour n'être pas guidé par des motifs qui ne me sont pas personnels. — Fort bien, mon ami, je vous en remercie ; mais ne m'arrêtez pas en aussi beau chemin : si vous m'aimez, passez-moi cette fantaisie. Eh bien ! M. *Provence*, où en sommes-nous ? ajoutai-je en portant la parole à ce dernier.—Pas tout à fait à la queue du Roman, Milord; mais il ne s'en faut guere.—Comment donc, du Roman?—Oui, la Belle ou plutôt les circonstances vous sont contraires; car pour elle, un pareil excès de cruauté n'est jamais entré dans son ame; il faut que vous soupiriez au moins pendant deux grands jours complets; sur la fin du troisieme, votre amoureux martyre pourra recevoir le soulagement accoutumé. — Eh! pour quoi donc ce délai? — Ah! Milord, admirez une probité rare dans toutes ses pareilles. Elle veut tenir ses sermens à Sire W...., il a passé bail, avec elle; il ne doit expirer que Lundi au soir: c'est aujourd'hui Vendredi; mais elle n'en rabattroit pas un quart-d'heure. Le dernier se trouvera à la soixante-douzieme, à compter de celle-ci; mais alors, à la minute, horloge sonnante, vous disposerez en Sultan d'une Odalisque obéissante & soumise. — Eh bien! répliquai-je, ce principe de justice en vaut bien un autre : quand César est payé, il n'a plus rien à dire. — De justice ! Milord, cette fille-là est la justice même; de plus, en l'achetant on l'obtient : cela n'arrive pas toujours à l'autre. Précisément au coup de fouet du Postillon du Baronnet, l'amour qu'on avoit pour lui, part & prend son vol avec les chevaux de poste; je porte mille guinées pour la premiere semaine : celui que mon arrivée inspire pour vous, prend la place : pendant huitaine, il y commande ; vous la ravitaillez alors ; autre huitaine; & ainsi jusqu'à ce que l'ennemi, par des voies semblables, s'y forme des intelligences & nous en débusque. — Le Docteur ne put, non plus que moi, s'empêcher de rire. — Ce garçon a de l'esprit, me dit-il, il est impayable. Mais vraiment, je ne connoissois pas son mérite. — *Provence* fit une révérence, & dès ce moment ils furent amis.

Je demandai à mon adroit & ingénieux Valet, un compte circonstancié de sa commission. — Ce matin, dit-il, Milord, je partis chargé de vos ordres, plus fier que Mercure allant chez Danaé de la part du Maître des Dieux. Arrivé au lieu de mon ambassade, je crus qu'il étoit à propos de sonder les principaux Ministres, avant d'aller jusqu'à la Souveraine : j'ai voulu m'instruire & savoir au juste qui étoit la favorite. J'ai fait ma cour d'abord, avec assez d'égalité, à Manon & à Sophie : je me suis apperçu que la derniere avoit porté à Madame son consommé, & qu'elle étoit long-temps à revenir. Oh! c'est-là la favorite, me suis-je dit ; on tient actuellement conseil, & il est question de nous. La Soubrette confidente revint enfin : sa mine épanouie & riante me fit présumer que j'étois le bien-venu. Sans affectation, je la tirai à l'écart, pour lui dire que j'avois quelque chose d'intéressant à dire à Madame, mais que j'attendrois sa commodité. — En vérité, M. *Provence*, il est bien matin : je ne sais comment faire ; Madame est au lit, je voudrois pourtant bien vous obliger. Mais seroit-ce une lettre, un billet ? je m'en chargerois, & je pourrois le remettre. — Non, mon enfant, ma commission est verbale ; je parle assez bien pour que la précaution d'écrire soit superflue avec moi. — Eh bien ! dit-elle, la chose devient encore plus délicate ; nous avons des engagemens : ma Maîtresse est un peu scrupuleuse. — Bon ! mon cœur, nous sommes riches, & nous savons soulager les personnes timorées. — Enfin, dit-elle, il faudra bien m'exposer à être grondée pour vous. Elle remonta lestement, redescendit de même, & m'assura que sous trois minutes je serois introduit.

Mademoiselle, ajouta la Soubrette, ne vous demande que le temps de se lever, & m'a chargé de vous faire déjeûner en attendant. A ces mots, elle a guidé mes pas vers l'office ; & sa belle main a présenté les vins d'honneur à votre Plénipotentiaire. Plusieurs tranches d'un excellent jambon, six rasades de Bourgogne m'ont inspiré le beau feu qui m'a fait briller à l'audience qu'on m'a accordée ensuite.

J'entrai respectueusement. La Souveraine, voluptueusement étendue sur sa chaise longue, m'a fait un petit signe de tête. Comment se porte Milord ? m'a-t-elle dit ; je suis, on ne peut pas plus flattée, qu'au moment de son réveil, il ait bien voulu s'occuper de moi. — Madame, ai-je reparti galamment, il est si naturel de s'occuper de vous le matin, & si heureux de vous occuper le soir !.... — La Princesse a ri de ma saillie. Vous allez bien vîte, m'a-t-elle répondu en riant toujours : Milord a-t-il mis cela dans vos instructions ? — Madame, il a coutume de les faire courtes & claires ; & comme je présume que vous n'aimez pas plus que lui à prodiguer les paroles, je viens vous offrir sa bourse & son cœur. — Milord est bien bon : ses offres sont faites pour flatter la plus jolie femme ; j'accueillerois, comme je le dois, un aussi agréable message ; mais je crains bien que d'autres engagemens.... Il ne faut pourtant pas que le Messager perde ses pas, a-t-elle ajouté. Et ici, Milord, elle m'a fait le présent d'usage. Madame, ai-je répondu en m'inclinant, un engagement cede tous les jours à un autre engagement qui flatte davantage. — Oh! dit-elle, remplacer, à la bonne heure; mais je crois que celui que j'ai n'ayant plus que trois jours à courir, il ne faut pas rompre brusquement. — Alors du moins, Madame, le traité avec Milord pourroit être conclu, & je pourrois, en attendant, négocier les préliminaires. — Fort bien, repartit la Belle: mais il me reste une petite difficulté; j'ai fait une espece de promesse: si je consultois mon goût, Milord me plairoit infiniment mieux; mais dans mon état, il est si difficile de suivre ses penchans, & si dangereux de manquer à certaines paroles! Un étranger d'un rang élevé & d'une fortune considérable, m'a tant priée, sollicitée, importunée, que j'ai été contrainte de lui donner quelque chose de plus que de l'espoir. Nous avons même commencé à traiter ; si j'allois le renvoyer sans rime ni raison, il pourroit faire du bruit : c'est un homme à redouter par sa nature. — Comment donc à redouter ? — Oui ; c'est.... — Quoi, c'est ? — Un Confédéré de Bar. — Oh ! Madame, ces gens-là ne sont pas à craindre, à moins que vous n'ayez peur des manifestes : ils n'ont pas tenu devant les Russes ; il faudra bien qu'ils fassent place à l'Angleterre. — Je connois tout le mérite & l'ascendant de la Grande-Bretagne, répondit-elle. — Vous avez bien raison, Madame, il faut vous y tenir. J'aimerois mieux, à votre place, un billet de banque, que vingt hypotheques sur tous les Palatinats & les Starosties de la République. — J'en connois toute la valeur, m'a-t-elle dit ; mais c'est bien moins de pareilles considérations, que mes sentimens qui pourroient me déterminer vis-à-vis de votre jeune Maître. — Oh ! j'en suis persuadé ; mais encore faut-il que les considérations y soient pour quelque chose. J'ose vous répondre

pondre qu'elles en valent la peine. — Vous êtes bien séduisant, m'a-t-elle répondu : hé bien ! il faut voir ; mais les deux jours qui suivront celui-ci, sont voués irrévocablement à Sire Walter. — Le troisieme, dis-je, nous appartiendra donc ? — Il le faudra bien, m'a-t-elle répliqué ; rien ne résiste à la Grande-Bretagne. — Je voudrois, Milord, pouvoir vous rapporter le rire charmant qui a accompagné cette capitulation. Glorieux d'avoir mis en déroute la Pospolite, & d'avoir subjugué la Place à sa barbe, je viens remettre les clefs à vos pieds. — Si le commencement du récit de M. *Provence* nous avoit réjouis, la fin ne nous parut ni moins divertissante, ni moins agréable. Nous tînmes conseil sur le champ, & un magnifique nœud de diamans, qu'il fut chargé de porter, servit à mettre le sceau à son ouvrage.

Deux jours d'impatience & d'attente, sans compter celui qui me restoit à achever ; quel tourment ! il falloit néanmoins en remplir le vide affreux.

Tome I.   N

Je consultois encore sur cela le Docteur. Nous en dissertions gravement, quand on m'annonça une visite que venoit me rendre le Chevalier de ***. Il causa une heure avec moi : toute la dissipation à laquelle je continuai de me livrer, ne m'empêcha point de goûter un entretien où je trouvai les charmes du bon esprit & de l'excellent cœur. Il me proposa de m'ouvrir un accès chez le Comte de ***, son intime ami, & dans quelques-unes des premieres maisons de Paris. La circonstance étoit favorable pour moi ; en acceptant, je ne dérangeai rien à mes plaisirs. Les deux jours que la scrupuleuse fidélité de Mademoiselle *** à ses engagemens me laissoit, me permettoient de profiter de ses offres, & quoique le Médecin me peignît dans ses regards, qu'il désapprouvoit mon empressement, j'assurai le Chevalier, que le soir je le ferois demander à l'Hôtel de ***, pour m'y présenter.

La visite du Chevalier finie, l'Esculape me dit qu'il craignoit bien que je ne passasse mal mon temps chez le Comte; mais qu'enfin quelques quarts-d'heures ennuyeux étoient bientôt écoulés. Il me disoit cela d'un ton où la crainte & la tristesse perçoient à travers l'indifférence, & avec le regard d'un homme qui voyoit sa proie prête à lui échapper : il dîna ensuite avec moi. En m'entretenant avec lui de la félicité qui m'attendoit après le troisieme soleil révolu, j'atteignis les six heures du soir. Nous nous séparâmes alors, & je me rendis à l'Hôtel ***, où je trouvai le Chevalier de ***.

J'étois peu disposé à goûter l'excellente compagnie que j'y rencontrai. Elle ne devoit frapper ni mes yeux ni mes oreilles; parce que j'étois peu en état d'apprécier l'immense distance du ton & des manieres de ceux qui la composoient, à ce que j'avois vu d'absurdités & de sottises dans les cercles équivoques où je m'étois égaré jusqu'à ce jour. Des hommes à talens; des femmes estimables, c'étoit du neuf pour moi. Mais je n'étois pas fait pour y mettre la valeur réelle ; leur entretien ne fit que me gêner. Je crois pourtant que mes Lecteurs ne seront pas fâchés que j'en retrace une partie intéressante. Quoique tronquée par le défaut de ma mémoire, elle pourra former contraste à toutes les miseres dont je les ai entretenus jusqu'a présent; j'en bâillois alors ; mais je me la suis rappelée avec plaisir plus d'une fois, depuis que j'ai dépouillé la duperie & la frivolité.

Nommer le Comte de ***, c'est en faire l'éloge : ce jour-là, l'éloquent & ingénieux Colonel B...., Membre de notre Sénat Britannique, se trouvoit chez lui. Il fréquentoit par prédilection cet Hôtel, pendant son séjour à Paris. Il ignoroit, au contraire, jusqu'à l'existence des aventuriers à qui je m'y étois livré. J'y trouvai encore le Comte de C--w., Ministre du Cabinet de la Czarine ; le Prince de C.... Ces hommes illustres par les qualités personnelles, plus encore que par leur rang, venoient y former un centre de lumieres, qui tomboient en vain sur des yeux encore aussi fermés que les miens. Le Chevalier ***, mon introducteur, & les trois amis que j'avois vus chez lui, m'y parurent accueillis avec autant d'amitié, que de cette juste considération que le mérite élevé accorde à celui qui l'est moins.

Le Colonel B.... n'est jamais long-temps dans un cercle aussi digne de lui, sans que l'entretien ne roule sur la politique. En instruisant les autres, il cherche toujours lui-même à acquérir quelque lumiere utile, & il ne pouvoit mieux tomber. Nos Colonies en étoient à leurs premiers mouvemens contre la Métropole. La premiere étincelle de cet incendie, que bien du sang versé n'éteindra peut-être que d'une maniere fatale à l'Angleterre, venoit de se manifester. On envisagea la suite de cet événement; & portant un regard sur les conséquences qu'il pouvoit entraîner, on discutoit quel étoit l'intérêt de la France & celui de l'Espagne, si les Sujets Américains atteignoient jamais à l'indépendance. Le Colonel B....

disserta de ce ton d'Orateur, dont il avoit contracté l'habitude dans la Chambre-Basse. — Qu'importe à l'Angleterre le parti que deux Puissances dépourvues de forces maritimes pourroient prendre dans la querelle qu'elle auroit avec ses Sujets d'Amérique ? La vaste barriere que l'Océan forme entre les deux hémispheres, doit l'assurer, qu'en dépit de leurs tentatives, elle maintiendra sous son joug ces peuples nombreux, plus soumis encore à sa domination par leur besoin, que par la crainte. Les mêmes vaisseaux qui serviront à nettoyer & à assujettir les côtes, & par conséquent l'intérieur septentrional du Nouveau Monde, effrayeront l'esprit remuant de nos ennemis, & les empêcheront ou les puniront d'avoir osé entrer dans nos démêlés. — Je rends justice à votre supériorité maritime effective, lui répliqua le Comte de *** ; mais il pourroit être fatal aux Anglais, de pousser la confiance aussi loin que vous le dites. Je conviens que ni la France, ni l'Espagne même n'ont une marine formidable actuellement sur pied ; mais au moins avons-nous l'étoffe pour en faire une un jour. — Un jour ! repliqua le Colonel, un jour ! je parle de celui où nous vivons. — J'aurois cru, repartit le Comte, la politique Anglaise plus prévoyante. Dans mon système, qui s'étend plus loin ; sa sécurité pourroit être trompeuse ; cela ne dépendra même, chez nous qui avons le ciel, le sol, la mer & les hommes, que des dispositions d'un seul de ceux-ci. Que Dieu nous l'accorde seulement capable de bien voir, il trouvera des gens assez pour exécuter. — M. le Comte, répondit le Colonel, c'est sur la même supposition que vous, que je raisonne. Nous ne serions que peu de chose ou rien en Angleterre, si, nous amusant à compter sur les présens d'en-haut, nous avions attendu ce seul homme. Nous n'avons pas voulu croire au Phénix ; encore moins qu'il fût fait pour nous. Nous n'avons rien voulu donner au hasard ; nous nous appuyons sur notre constitution & notre flotte, & nous nous en trouvons bien. Nous rions, en vous voyant faire un autre calcul, & vous consumer en attendant. Nous subsistons par vos méprises, & nous en présumons notre prépondérance, jusqu'à ce qu'il plaise au Ciel de vous envoyer votre Sauveur. — Le Colonel élude une question de fait en plaisantant, dit Bouillac : il nous traite, M. le Comte, du même style que le parti du Roi son Maître. Quoi donc ! M. B...., vous voulez supposer qu'à un homme près, on ne doit faire en France que des fautes ! Oh ! je ne suis pas de ce sentiment, poursuivit-il en riant : nous en sommes las, & nous avons formé la résolution d'être sages. Mais comme le premier trait de la sagesse est de se faire des amis, non seulement nous ne voulons pas vous troubler, quand vous corrigez en Amérique des enfans ingrats & réfractaires ; mais au besoin, nous vous aiderions à les remettre dans le devoir. — Que dites-vous là ? interrompit avec feu le

Colonel ; nous n'avons garde de compter à ce point fur vos bons offices. — Il me femble du moins, dit Bouillac, que, fi nous entendions nos intérêts, nous pourrions, fans fcrupule, les porter jufque là.

L'Affemblée écoutoit avec furprife l'inexplicable paradoxe de Bouillac ; le Comte de *** le taxoit de légéreté dans fes opinions, & craignoit qu'il ne fût trop loin, ce qui lui fit modeftement prêter le flanc à toutes les objections qu'on lui faifoit de toutes parts.

L'entretien devint plus général & prit un autre cours. Le Comte de C—w... donna fur la Ruffie, fa patrie, des détails intéreffans : fes idées étoient grandes, fimples, lumineufes. Il fourniffoit amplement la preuve, que la Princeffe dont il eft le Sujet, ne p'ace fa confiance qu'en de Grands Hommes. A des détails fur la politique, fuccéderent ceux de la guerre. Le Comte de ***, le Chevalier *** parlerent alors en maîtres. Après quelques heures d'une conversation qui, malgré ma frivolité, m'avoit fait beaucoup de plaisir, ce dernier, accompagné de son ami, me ramena chez moi. Le Chevalier *** me félicita de mon attention à tout ce qui s'étoit dit chez le Comte de *** ; il me conseilla avec amitié de prendre son jeune ami pour guide, si je voulois connoître l'état des Arts en France : celui-ci m'offrit ses services avec empressement. Les impressions que j'avois reçues contre lui, ne pouvoient me dispenser d'accepter la proposition honnête qu'il me fit. Malgré le chagrin que le Docteur pouvoit ressentir d'une pareille liaison, il fut résolu qu'il viendroit me prendre le lendemain de bonne heure.

VIII.e JOURNÉE.

Tableaux ; compositions d'un Peintre célébre ; moralités piquantes ; Comédie Françaife ; Réflexions fur Shakefpear & Moliere.

DE bon matin Bouillac vint exciter ma pareffe ; à dix heures, nous fortîmes. C'eft avec bien du plaifir, Milord, me dit-il, que je vois un jeune Anglais de votre rang étudier, comme vous le faites, les hommes & les Arts. J'en aurai beaucoup à vous guider dans cette Capitale. Le fafte & l'opulence de quelques particuliers ont mis entre leurs mains beaucoup de chef-d'œuvres ; il s'agit de pénétrer jufque dans leurs cabinets. Heureufement j'en connois quelques-uns ; mais ne perdons point de temps, nous aurons bien des courfes à faire. Voyons aujourd'hui la Peinture ; nous donnerons à la Sculpture quelque autre matinée. Tandis que Bouillac me parloit ainfi, nous tournions un coin de rue. Le Docteur déboucha par celle où nous entrions. Je le vis pâlir d'effroi & reculer d'horreur à la vue du compagnon que le Chevalier de *** m'avoit donné. Ce mouvement me retraça tout ce qu'il m'en avoit dit. J'eus le regret le plus vif de n'avoir point évité adroitement l'efpece de liaifon que cette journée alloit établir entre nous, & je formois la réfolution de la rompre adroitement au plus tôt.

En trois heures de temps nous avions beaucoup vu ; nous fumes alors à l'Académie Royale de Peinture ; Bouillac m'y fit obferver la décadence de l'Art, par le ftyle & la maniere des Artiftes exiftans. Il n'y a, ajouta-t-il, qu'un feul homme aujourd'hui qui ait confervé une étincelle du vrai génie qui anima quelques-uns de fes prédéceffeurs. Le ferpent de l'envie a fifflé fur un de fes ouvrages ; il l'avoit fait pour figurer parmi les tableaux de réception que vous voyez ici : l'amour-propre irrité de ce Peintre habile l'a

fait

fait renoncer fur le champ à l'affociation de rivaux qu'il a crus incapables & indignes de l'apprécier. Il joint à de grands talens quelques-uns de ces défauts originaux dont ils font fi fouvent accompagnés; mais la fupériorité de fon pinceau a charmé mes yeux, & je n'ai pu refufer mon eftime à la franchife & à l'honnêteté de fon ame. Je fais peu d'attention aux écarts de fon orgueil : c'eft à la jaloufie de fes concurrens à tâcher de tirer parti des foibleffes perfonnelles de l'Ouvrier, tandis qu'elle pâlit devant fes ouvrages. Tous les genres connus de la Peinture ont été épuifés : il eft peu de fujets de la Fable ou de l'Hiftoire qui n'aient été traités nombre de fois par les mains les plus habiles. Il en eft de même du Payfage. Greufe a voulu créer un genre nouveau ; perfonne avant lui n'avoit peint la morale pure & fimple ; fon imagination a conçu qu'on pouvoit en tirer une efpece inconnue de tableaux. Ainfi il eft devenu le premier Peintre dramatique ; c'eft-à-dire, celui qui peint la vie humaine, & tire la représentation des vices ou des vertus de l'ordre moral-pratique ordinaire. Bouillac me mena chez l'Artiste dont il venoit de me faire l'éloge. Nous le trouvâmes dans son attelier; le premier tableau qu'il me fit voir excelloit également par le deſſin, l'expreſſion & le coloris. Il repréſentoit la ſcène la plus touchante : la beauté & la vertu exprimées ſur la phyſionomie d'une femme dont le coſtume annonçoit la naiſſance, donnoient la premiere leçon d'humanité & de bienfaiſance à un jeune enfant, qui paroiſſoit auſſi d'un état où l'opulence & l'orgueil peuvent corrompre la ſenſibilité. L'action ſe paſſoit dans un galetas pauvre & ſombre; on y voyoit ſur un grabat un reſpectable vieillard; il paroiſſoit oppoſer à l'indigence un front calme & ſerein ; épuiſé par les maux qui en ſont la ſuite, il recevoit ſans rougir, avec l'expreſſion ſimple d'une noble reconnoiſſance, les dons d'une charité pure & touchante. A côté de lui, ſon épouſe ſouffrante &

âgée, avoit sur son visage & dans tout l'élancement de son attitude, l'émotion d'une gratitude plus vive & moins réfléchie; un fils couvert de haillons, & trop jeune encore pour les soulager, étoit languissamment appuyé sur le chevet de la couche où ces deux autres personnages offroient l'image de la misere la plus accablante & la moins méritée. Vis-à-vis de ce groupe étoit la Dame charitable, qui venoit apprendre à l'enfant à aider les malheureux. Sa figure étoit noble; son air, touché & attendri. L'enfant élevé dans l'opulence sembloit reculer d'horreur à l'aspect de l'attirail hideux de la pauvreté, qui, pour la premiere fois, s'offroit à ses regards. La bonne mere raffermissoit sa répugnance; elle sembloit lui dire : » Ma fille, qu'a fait ce
» vieillard pour ne pas naître au sein
» de l'opulence comme nous ? La
» Nature en a fait notre égal, & la
» Vertu le met au dessus «. Une Sœur Hospitaliere, qu'on découvroit dans le fond du tableau, contrastoit heureu-

sement à toute cette chaleur d'expression, par l'air indifférent & froid que l'habitude de voir sans cesse des calamités, donne souvent aux personnes que leur état isole de la société. A des idées aussi heureuses & aussi vraies, à l'expression frappante d'une composition si bien conçue, l'Artiste avoit joint toute la magie & l'entente des détails de son Art. Bouillac lui prodigua les éloges les plus flatteurs. Son imagination ardente embrasa celle du Peintre; & l'enthousiasme du génie s'emparant de lui: Oui, Messieurs, s'écria-t-il, je veux consacrer mes couleurs & mon pinceau à rendre les hommes meilleurs: je crois ce genre bien au dessus de celui qui retrace quelque attentat heureux d'une antiquité aussi vicieuse que nous, consacré seulement par le nom de quelque scélérat illustre. Je travaille un sujet qui n'est que trop ordinaire. Je veux offrir à des malheureuses, dont l'exemple mutuel ne prévient pas les égaremens, la catastrophe qui les attend toutes après quelques courtes illusions. Voyez, Milord, poursuivit-il en me conduisant vers un chevalet qui portoit un tableau qu'il découvrit; voyez cette vieille artificieuse & effrontée, chercher à corrompre la jeunesse timide & la simple innocence, par l'appât de l'or & des diamans. Cette horrible Mégere arme des sens faciles à surprendre, pour souffler dans une ame naïve le poison de la débauche avec celui de la vanité. Voyez la Séduction s'applaudir du succès de ses artifices sur le front de ce Financier corrompu. J'ai désespéré pendant long-temps de pouvoir exprimer, sur la physionomie de son indigne Emissaire, tous les caracteres qu'il falloit y rassembler : bassesse, avidité, bonté hypocrite, audace effrénée ; tout cela devoit y être. Je n'aurois pu réussir, si je n'avois trouvé un modele. Cette tête est d'après nature. A mesure que le Peintre étoit entré davantage dans le détail de sa composition, mes yeux s'étoient appliqués à saisir tous les caracteres de vérité qu'il vouloit me faire

O iij

trouver dans les personnages. Quelle fut ma surprise quand ma mémoire me retraça les traits de la maman ***, dans la vieille entremetteuse ! Je rougis. L'Artiste l'observa ; mais il se trompoit à la nature de ma rougeur. Vous êtes indigné, Milord, me dit-il, c'est l'effet le plus flatteur pour moi ; c'est celui que je me suis proposé en traçant l'ame hideuse de cette créature sur son visage. Voyez, continua-t-il, la craintive & chancelante victime de ses séductions : le désir de tous ces objets d'un luxe si séduisant pour la Jeunesse se peint dans ses yeux. Cependant elle hésite, elle tremble ; le piége que l'on tend à sa vanité effarouche encore sa pudeur ; mais elle écoute, Milord, & par conséquent va faire le premier pas vers le désordre. Voici dans un second tableau les suites d'abord flatteuses de son entrée dans la carriere du vice. Il représente la jeune personne dépouillée de cette touchante innocence qui l'embellissoit dans le premier ; elle est environnée de faste & d'opulence :

indolemment étendue fur le duvet &
la foie, elle oublie le travail & l'induſtrie qui l'auroient fait fubfifter dans
une médiocrité honorable, & conduite
un jour à la couche d'un citoyen honnête & laborieux comme elle. Au milieu de toutes ces jouiſſances factices,
elle perd cette modération précieuſe
des défirs, la première des richeſſes.
Un Angola déchire à fes pieds le précieux ornement que la profufion de fes
Adorateurs fe hâte de remplacer; elle
fourit à ce Sapajou qui jette par une
fenêtre ouverte l'or que l'Amour lui
prodigue : double emblême de la honteufe prédilection qu'une Courtifane
ingrate accorde fouvent à un mâgot
obfcur, & de la maniere dont elle
vérifie le proverbe : *Ce qui vient par
la flûte*, &c. Si la reſſemblance de la
vieille D*** m'avoit caufé quelque
émotion, l'allégorie du Sapajou la re-
doubla, en me rappelant le déteftable
M. Chiffon; & fûrement il en tranfpira
encore une impreſſion fur mon viſage.

Milord, dit alors Bouillac, M. Greufe, par les fermons pathétiques qu'il fait fi bien déployer fur la toile, feroit chez vous une converfion, fi vous en aviez befoin : il doit être bien flatté de la généreufe indignation qu'expriment tous vos traits. L'obfervation de Bouillac me déconcerta jufqu'au fond de l'ame : heureufement le Peintre nous conduifit vers deux autres tableaux, dans cet inftant critique.

L'un offroit la Courtifane au troifieme période de fa carriere. Elle n'étoit plus brillante d'or, ni environnée d'un luxe trompeur : toutes fes vaines magnificences s'étoient envolées avec fes frêles appas. La premiere ride qui étoit venue faner fur fon front la fleur de la jeuneffe, avoit donné le fignal de l'ingratitude & de l'abandon à des Adorateurs inconftans & perfides : tous, jufqu'à l'Angola & au Sapajou, avoient déferté. L'humble Beauté, dans un réduit modefte, offroit, d'un ton humble & foumis, des faveurs banales à un vieillard rogue & peu galant, qui sembloit mépriser ce qu'il lui restoit d'attraits.

Dans le quatrieme tableau, cette infortunée expiroit de froid & de misere, entre la honte & les douleurs. La lueur pale & foible d'une lampe répandoit une triste lumiere sur la scène de ses souffrances; le repentir amer & inutile étoit exprimé dans ses yeux éteints; tout son être succomboit sous le poids de la misere; sa précoce vieillesse, hâtée par les excès, alloit être terminée par une mort douloureuse & graduelle. Le Peintre entra dans tous les détails avec la même chaleur qu'auparavant. Bouillac fit une morale à chacun de ses Apologues. J'étois là fort mal à mon aise. Enfin nous sortîmes après que j'eus témoigné à l'Artiste mon admiration, autant bien que ma situation le permettoit: mon compagnon avoit tout l'air de deviner toutes les crises qu'éprouvoit mon ame; il ne m'en parloit pas cependant, mais continuoit à réunir dans notre entretien des choses propres à ébranler mon cœur, & à ramener ou affermir ma jeunesse.

Quoiqu'il ne m'eût rien dit de direct, & qu'il eût évité jusqu'à l'ombre d'une application, je sentis un dépit extrême ; je le regardois comme un censeur amer & déplacé ; j'eus soin de le lui dérober : sans doute, il tenoit aux préventions que le Docteur m'avoit inspirées contre son caractere. Convaincu, comme je l'étois, que sa pratique étoit bien éloignée de sa morale, je devois être peu susceptible des impressions qu'elle m'auroit faites sans cela. Enfin il changea de ton, & redevenant gai & amusant, il me rendit son entretien supportable.

Le soir, Bouillac me proposa la Comédie Françaife. Milord, me dit-il, voilà le théatre que devroit fréquenter tout Etranger ; c'est celui où l'on parle la Langue Françaife dans sa plus grande perfection, & où l'on offre le tableau des mœurs nationales. Vous pourrez vous y former à l'une, & connoître

les autres. Un motif de préférence auffi
férieux pour le Théatre Français,
n'étoit pas alors ce qui pouvoit déterminer mon choix. Mais je ne fais
quel afcendant cet homme prenoit fur
moi ; j'en avois la plus mauvaife opinion ; je ne pouvois le fouffrir : il
falloit que le mafque de morale & de
candeur, dont le Docteur m'avoit
perfuadé qu'il fe couvroit feulement,
reffemblât bien à la vérité ; car il me
dominoit, dans certains momens,
avec cet empire que l'eftime réelle
établit à la vertu. Je me laiffai entraîner
où il voulut.

Les Français donnoient ce jour-là la
Tragédie de Phédre. Je n'aurois pas
pu jouir des beautés de cette Piece, fi
mon guide ne m'y avoit préparé en
m'en donnant une idée ; & en fe hâtant
à chaque fcene de m'en retracer le
détail : par-là il me mettoit en état de
fuivre le jeu fublime & pathétique
d'une Actrice fort âgée ; mais dont le
talent me parut auffi vrai & auffi

décidé que celui de notre célebre Garrick.

Quand cette premiere Piece fut finie, Bouillac m'entretint des différences essentielles de l'Art dramatique en France & en Angleterre. Il me fit encore l'analyse des Précieuses ridicules du fameux Moliere, qu'on alloit jouer, & me mettant la Piece à la main, il me conseilla de m'aider, par la lecture, à suivre la déclamation.

J'avois lu avec étude quelque chose du Théatre Français; & j'avois l'habitude du nôtre : c'étoit assez pour sentir la justesse de plusieurs observations qu'il me fit. D'ailleurs, mes sensations vinrent à l'appui de sa maniere de comparer les différens genres de Théatres. Racine m'avoit foiblement ému; Moliere me fit rire. A travers tout cela, je trouvai que les Comédiens Français formoient le spectacle le plus intéressant de cette Capitale. J'en sortis fort égayé par le Comte de Jodelet & le Marquis de Mascarille;

Mascarille ; & malgré les insinuations du cher Médecin, j'étois en train de m'accommoder de Bouillac, & d'éprouver par moi-même si l'on m'en imposoit sur son compte : mais ce premier intervint assez à propos pour prolonger l'illusion ; il parut au moment où l'autre me quitta ; il étoit temps, car j'étois ébranlé.

Eh bien ! Milord, dit le Docteur, votre complaisance & vos égards pour le Chevalier *** vous coutent bien de l'ennui ; il vous a fallu essuyer toute la pédanterie de son oracle. S'il n'étoit qu'un pédant encore, ce seroit un peu de dégoût à digérer ; mais il est méchant, ajouta-t-il avec inquiétude ; il m'en veut sur-tout, je ne sais pourquoi ; il n'aura pas perdu l'occasion de me peindre. — Je vous proteste, lui répliquai-je, qu'il n'a pas soufflé un mot qui doive vous alarmer. Il étoit trop occupé & m'occupoit trop aussi, pour avoir le temps de se livrer à l'animosité dont vous l'accusez. Je n'aimerai jamais cet homme-là ; mon cher Docteur, parce que vous m'avez averti d'une perverfité de caractere, d'autant plus haïffable chez lui, qu'elle eft plus mafquée. Mais je ne puis m'empêcher de regretter que tant de belles qualités foient perdues. — Je crois, Milord, que vous comptez fur ma fincérité. J'ai fenti combien il en étoit plus dangereux, & ce fut le motif de mon empreffement à vous prévenir. — J'affurai le Docteur que je m'en garantirois foigneufement. Ne trouvez-vous pas, ajouta-t-il, qu'il a quelque chofe de négatif; qu'il y a dans tout ce qu'il fait, une chaleur, une énergie qui rendroient bientôt fa fociété infupportable? — Mais non, lui dis-je affez naturellement. — Il fe fera donc bien contrefait! Au refte, vous ne tarderez pas à faire cette découverte, fi vous vous expofez à le revoir. Puiffiez-vous n'en pas faire de plus fatale à vos dépens! Excufez mon zele, je ne m'expliquerois affurément pas de même avec tout autre. J'affurai le cher Docteur, que je m'en rapportois si fort à lui, que, d'après la connoissance qu'il vouloit bien m'en donner, je me renfermerois à jamais, avec l'autre, dans les simples égards que je devois à celui qui avoit voulu me procurer cette liaison : il fut satisfait de cette assurance; il remonta ensuite l'entretien sur le ton accoutumé, & la belle *** nous fit bientôt perdre de vue Bouillac. Nous avions insensiblement repris toute notre vivacité & notre gaieté, en traitant ce sujet intéressant. Le Docteur travailla jusqu'à deux heures du matin à effacer, en exaltant mon imagination & mes sens, les impressions qu'il soupçonnoit la journée d'avoir pu faire chez moi. Il avoit bien de l'avantage; le mal y faisoit des traces profondes, & le bien m'effleuroit tout au plus. En m'examinant alors, je ne concevois plus comment Bouillac ne m'avoit pas fait bâiller pendant les douze heures que j'avois passées avec lui. Je me promis bien de m'en dédommager, en rendant la journée suivante aussi agréable qu'il

P ij

me feroit poffible. Le Docteur me promit auffi de m'aider, & me fouhaita le bon foir.

IXe. JOURNÉE.

Nouvelle connoiffance ; courfe de chevaux. Rencontre d'un perfonnage fingulier.

LE Docteur fe rendit à mon lever. Ce fut lui qui ouvrit mes rideaux : l'échappée du jour précédent étoit un motif pour redoubler d'affiduité. Allons, me dit-il, debout; tandis que vous prolongez votre fommeil bien avant dans la matinée, la moitié de Paris eft déjà raffemblée dans la Plaine des Sablons. Dans une heure il y fera tout entier. Il y eft attiré par un fpectacle nouveau pour lui. Un de ceux qui partageront les honneurs ou les rifques de cette journée, doit bientôt être à votre porte. Il m'a demandé,

Milord, à vous être préfenté. J'ignorois également quelle intéreffante nouveauté pouvoit faire courir tous les habitans de la Capitale à la Plaine des Sablons, & quel homme demandoit à me voir. Le Docteur m'apprit qu'on alloit y donner pour la premiere fois une courfe de chevaux, & que les paris étoient ouverts. Alors on annonça quelqu'un qui demandoit à lui parler. Qui eft-ce ? dit-il : c'eft lui, répondit mon Valet de chambre, ce Monfieur qui loge de l'autre côté. Il fut le recevoir & revint avec lui. Milord, dit-il, voici un de vos plus aimables compatriotes. Il a bien du regret d'avoir occupé depuis plufieurs jours la même maifon que vous, fans avoir lié connoiffance. M. Fikle.... A ce nom, toutes mes idées fe réveillerent ; trois chofes concouroient à le rendre fameux ; la prodigalité & l'oftentation la plus ridicule, la frénéfie la plus déterminée pour le jeu, & cette efpece de célébrité que peut tirer un étourdi de cinq ou fix duels éclatans, équivoques preuves du courage, dont les trois quarts des hommes méconnoissent assez les caracteres, pour appeler souvent ainsi l'emportement sanguinaire de la vengeance, où la férocité insensible. F** vouloit donner un nouveau relief au rôle qu'il jouoit à Paris, en faisant paroli à toutes les extravagances momentanées, dont l'épidémie venoit y saisir quelques petits Seigneurs ; Maquignon habile & gros Parieur : c'étoit la manie du jour. Aussi y surpassa-t-il tout le monde, car il tenoit deux mille guinées contre le D. D. B. P.

Comment Milord ira-t-il voir la course ? me dit-il. — J'irai en carrosse, dis-je. — En carrosse ! Fi donc, Milord, repartit l'obligeant Docteur, l'étiquette est d'être aujourd'hui à cheval ; il ne convient pas qu'un homme comme vous se montre autrement dans la Plaine. J'ai pourvu à cela. M. F** a bien voulu me promettre un des chasseurs qu'il a dans son écurie. Ici F** approuva l'offre du Docteur d'un signe, & me fit une inclination profondé. Je le remerciai ; mais, jetant alors un regard sur le Docteur, je m'apperçus qu'il étoit botté, éperonné comme un de nos *Jacqys*. Votre prévoyance, mon cher Docteur, me flatte infiniment, & la politesse de M. F** excite toute ma reconnoissance. Mais je ne puis me résoudre à vous priver peut-être vous-même d'un plaisir que vous aviez intention de prendre. Point du tout, Milord ; tout est prévu d'avance, repartit-il avec un air de satisfaction, j'aurai l'honneur de vous accompagner ; & deux de vos gens, à cheval, pourront encore nous suivre. En vérité, dis-je, il faut convenir que le Docteur est un homme essentiel : on n'est pas plus aimable ni plus obligeant que lui. Je fus bientôt prêt. Notre cavalcade se rendit au lieu de la course ; où en effet une foule incroyable nous avoit devancés. La jeune Princesse qui est assise aujourd'hui sur le trône de France, & qui partage l'amour des Peuples avec le Roi son époux, honoroit ces jeux nouveaux de son auguste présence. L'espoir & l'admiration voloient au devant d'elle, & j'excepte cette journée de celles dont j'ai fait la relation, quelques autres disgraces qu'elle m'áit fait essuyer. J'ai vu la bienfaisance & la beauté couronnées d'avance par le vœu public; je réserve une pierre blanche pour ce jour-là.

F** m'avoit dit en route, que, si je voulois prendre quelque part dans son pari, il m'offroit sans façon l'intérêt qu'il me plairoit d'y avoir. J'ai toujours été prévenu contre ces sortes de gageures. Chacune des parties se fonde sur la confiance qu'elle a aux Coursiers qui doivent entrer en lice; l'on croit être sûr de ses connoissances, & quoiqu'on soit prévenu du fait, on ne fait pas assez attention à la fidélité de l'homme, qui est bien plus sujette à caution que la vîtesse du cheval. Les trois quarts du temps on est à la merci de l'humeur mercenaire du Palefrenier qui le monte. J'aurois plus de confiance au hasard des dez ou à la chance des cartes. Je n'ai jamais joué que par vanité : si je l'avois fait par avarice, j'aurois adopté ce calcul. Je refusai l'offre de M. F**. Le Docteur, en habile homme, fit jouer un autre ressort. Milord, dit-il, vous ne pouvez pas vous dispenser de vous intéresser pour quelque chose dans cette affaire. Les Français ont pris ce jeu de nous, & ils se flattent de nous y surpasser bientôt. Il est consacré dans votre Patrie par le goût & l'émulation des particuliers, il l'est encore par les encouragemens d'un Gouvernement attentif. Il faut soutenir cette cause. J'ose vous répondre de l'honneur de cette journée, & de l'avantage réel que vous offre M. F**, en vous associant à lui. Je ne suis guere en état de courir de gros risques ; mais j'ai hasardé beaucoup pour moi sous son bon plaisir. Je regarde ceci comme une affaire de patriotisme. Toutes nos supériorités me tiennent à cœur, jusqu'à celle de nos chevaux. Je ris beaucoup de la chaleur & du zele du

Docteur. S'il faut, pourſuivit-il, un exemple pour vous encourager, je vous dirai qu'une jolie femme a témoigné pour une auſſi bonne cauſe, plus d'ardeur que vous. Quelle eſt donc, dis-je, cette patriote femelle ? — Préciſément celle que ſon bon eſprit a accoutumée à déférer la couronne de myrte aux Anglais. Je ris encore de meilleur cœur ; &, dans l'accès de gaieté que le Médecin venoit de m'inſpirer, j'adoptai un quart de l'énorme pari de F**. M'abandonnant à la confiance que m'inſpiroit ſa ſagacité hyppologique, ſi l'on veut me paſſer le terme, je m'imaginois voir le célebre cheval Pompée revenir avec la palme Olympique, & empocher déjà mes cinq cents louis d'or.

En nous entretenant ainſi, nous parcourions faſtueuſement entre deux haies de carroſſes, & le peuple qui bordoit des deux côtés, la carriere que les Courſiers rivaux devoient parcourir. Vingt Petits-Maîtres, métamorphoſés en Poſtillons Anglais, ſuivant le coſtume du jour, s'empresserent à me communiquer leur espérance ou leur appréhension. Mon pari étoit considérable, & à leurs yeux il me donna une importance relative au quart-d'heure. Me dérobant à leur foule, je m'en sentis plus de confiance à approcher du carrosse superbe où brilloit la ***: en entendant le Docteur lui rendre compte du petit hasard que je courois à son exemple, j'avois un air de suffisance & de fatuité, égal à celui de mon associé.

Une huée générale s'éleva tout d'un coup. Je cherchois ce qui pouvoit l'avoir excitée. C'étoit un Parodiste insolent: aux caracoles de deux mille Cavaliers qui piaffoient orgueilleusement dans cette arene, il opposoit les ruades d'une très-petite bourrique, qu'il tracassoit de toutes ses forces, se penchant en avant & étendant ses bras en forme d'ailes, il singeoit tous les brillans Ecuyers dont il étoit entouré, en hurlant, *place*, de tout son larynx. Cette idée, en même temps bouffonne & morale, me parut déconcerter les piaffeurs. L'Ecuyer à la bourrique faifoit ouvrir les rangs devant lui, & l'âne brilla aux dépens des chevaux.

Bientôt les deux Courfiers qui devoient fe difputer la victoire, furent tirés de leurs étuis, & expofés aux regards de la multitude. Hector & l'invincible Achille, fous les murs de la fameufe Pergame, n'excirerent ni plus de crainte, ni plus d'efpérance. Grecs & Dardaniens encourageoient les Champions & invoquoient les Dieux. Je confidérai le Héros quadrupede dont ma chance dépendoit. J'en augurai foiblement, en comparaifon de l'autre; & j'avois la douleur d'entendre, peu à peu, tous les fuffrages fe raffembler d'avance & pronoftiquer la victoire à fon concurrent. F** lui-même n'avoit plus la même affurance. En contemplant le lefte & vigoureux Courfier qu'on nous oppofoit, fon air penfif, fon regard baiffé, annonçoient qu'il fongeoit déjà au vide que quinze cents

louis

louis alloient laisser dans ses finances. Toute considérable qu'étoit cette perte, elle l'alarmoit peut-être moins encore que celle de sa réputation de connoisseur. Comme il est pétri de vanité, il lui restoit un moyen cependant de se consoler ; le bruit & l'éclat d'une extravagance aussi fastueuse. Pour moi, qui suis moins vain que lui, j'avois alors une dose assez forte de cette foiblesse, pour regretter assez peu mon enjeu par cette considération.

Il fallut faire bonne contenance ; malgré nos appréhensions, nous y réussîmes. Les deux Coursiers s'élancerent : pendant le premier tour, l'espoir nous revint un peu ; au second il s'ébranla de nouveau ; avant la moitié du troisieme, notre sort étoit décidé ; le Pégase suranné qui portoit notre fortune, essoufflé & rendu, n'avoit plus ni jambes ni haleine. La vanité soutint F**, comme je l'ai dit, contre un si grand désastre. Je retournai chez moi pour contribuer sur le champ de ma part, avec le

Tome I. Q

Docteur, qui blâma mon peu d'industrie, de ne m'être pas sauvé comme lui, en m'engageant dans un pari contraire au premier.

Xᵉ. JOURNÉE.

Il ne faut jamais compter sans son Hôte.

L'HEUREUX jour luisoit enfin. Mon amoureuse impatience avoit fait deux siecles de ceux qui venoient de le précéder; l'adorable Docteur fut alerte. Victoire ! me dit-il en entrant : enfin Sire Walter est emballé; à l'instant où je vous parle, il roule rapidement vers Calais : l'heure fortunée approche, la couronne de myrte est déjà prête, l'autel & la victime vous attendent. Tel fut son texte : le Lecteur a pris jusqu'ici assez de connoissance de son caractere, pour se douter du commentaire qu'il y ajouta. Je passerai rapidement fur quelques événemens peu intéreſſans de cette journée. Je ne peindrai pas une impatience qu'on doit bien me ſuppoſer, pour en venir rapidement au moment où l'heure du Berger fut cruellement remiſe, & où mon empreſſement fut arrêté au paſſage, par un de ces tours de la profeſſion, qui, pour être ordinaires, n'en impoſent pas moins tous les jours.

L'Académie Royale de Muſique venoit de finir ſon tintamarre: je ramenai Mademoiſelle *** chez elle. Champagne, ſon Cocher, m'avoit fait voler en triomphateur, à la clarté de deux flambeaux que portoient les Heyduques qui étoient derriere le carroſſe, depuis l'Opéra juſqu'aux environs de la rue Montmartre. Mille adorateurs jaloux & interdits envioient mon ſort, & m'avoient vû ramener ma conquête; ma vanité s'étoit repue, & mon amour eſpéroit d'être bientôt ſatisfait. En rentrant chez Mademoiſe ***, j'y trouvai cette agréable & touchante ſolitude qui annonce une victoire préméditée sur une Amante prévoyante : mes Rivaux avoient disparu ; tout sembloit conspirer à mon triomphe : la cousine vraisemblablement étoit occupée de son côté à faire aussi triompher quelqu'un. Nous soupâmes tête à tête : il n'étoit pas possible que mon impatience s'accommodât long-temps du plaisir de la table ; aussi je hâtai le moment qui nous en vit sortir : par malheur pour moi, j'avois commis une faute impardonnable. Occupé, les jours précédens, de mes seuls désirs, j'avois oublié à quelle condition la Belle disposoit en ma faveur d'une semaine de sa belle vie. L'actif & prévoyant *Provence* avoit probablement eu ses distractions aussi ; car il n'avoit pas eu plus de prévoyance que moi. Quand même la violence de mon ardeur m'eût permis la réflexion, j'aurois cru, sur-tout après l'envoi préliminaire du nœud de diamans, ma parole équivalente à une recette effective. Comment se figurer que l'Amour, ce Dieu aimable & flatteur, puisse n'être au fond qu'un corsaire qui ne traite d'aucune rançon qu'especes sonnantes ? J'avois beau faire, je ne pouvois inspirer une étincelle de mon feu à ma Déesse ; morne & glacée, elle me repoussoit presque : quelques soupirs lui échappoient ; mais ce n'étoient ni ceux de la tendresse, ni ceux de la volupté : j'étois consterné & confus ; d'un ton timide, je me hasardai à lui demander quelles causes subites & imprévues pouvoient lui enlever cette charmante gaieté qu'elle avoit encore à l'Opéra. — Rien, me dit-elle avec un air assez négatif. J'essayois de réchauffer son ame par l'ardeur des transports les plus passionnés. Froide & immobile, elle les souffrit, mais n'en partagea aucun ; chaque moment redoubloit mon embarras & mes regrets : je priai, pressai, conjurai ; rien ne pouvoit dissiper le nuage qui étoit entre moi & la félicité suprême dont je cherchois le pronostic dans ses yeux. Milord, me dit la Belle en me fixant avec tristesse, vous ne m'aimez pas ;

pourquoi feindre des transports que votre cœur n'éprouve point ? J'eus recours aux fermens les plus forts. A quoi servent, dit-elle, ces assurances frivoles ? tous les jours on nous les prodigue, & en même temps on se promet de saisir la premiere occasion de violer ses folles protestations. Ah ! Milord, vous êtes bien aimable ; mais le Chevalier Walter m'aimoit avec une véritable tendresse. Malgré les impressions que votre vue a faites sur moi, je ne puis me défendre de la réflexion qui me porte à le regretter. Si vous saviez avec quelle candeur & quelle simplicité il agissoit ! Quoiqu'arrivé depuis peu de jours à Paris, je vous trouve un peu Français ; je redoute cette disposition-là. — Comment donc, lui dis-je, un peu Français ? — Oui ; ivre de vos perfections, comme eux, vous croyez peut-être que votre possession seule paye une femme du foible qu'elle a pour vous. Votre figure est charmante, & vous pourriez vous flatter avec plus de justice que beaucoup de ces Messieurs ; mais l'expérience m'a appris à préférer les procédés réels & solides de vos compatriotes, à tous les charmes de la Nature & de l'Art que l'on pourroit m'étaler. Je ne comprenois pas assez la Demoiselle ** ; aussi je m'épuisois en discours inutiles, & ne saisissois pas le point essentiel. L'humeur d'être si mal comprise, déconcerta tout à fait la Belle ; elle prit un prétexte pour sortir, & , me laissant avec Sophie qui venoit d'entrer, elle se remit probablement sur celle-ci du soin d'instruire ma jeunesse & ma simplicité.

La Femme de chambre favorite m'éclaircit, sans beaucoup de façons, des réticences & des scrupules auxquels je n'entendois rien. — Voulez-vous que je vous parle franchement, Milord ? me dit-elle ; Mademoiselle est une fille prévoyante & solide ; l'expérience lui a inspiré l'esprit de précaution : on sait ici comment vous en avez agi avec Mademoiselle *** ; nous pouvons, sans nous flatter, porter nos préventions auſſi haut qu'elle : il va de notre honneur de les ſoutenir. Ma Maîtreſſe n'a point de mere pour ſtipuler ſes intérêts ; pour moi, je prévois que vos conventions n'auront pas été remplies. Comme ma Maîtreſſe eſt de parole, elle a de furieux ſcrupules toutes les fois qu'on lui en manque. — Mais, répliquai-je avec promptitude, j'ai attendu le moment du départ de Sile Walter ; & *Provence*....—Ah ! Milord, *Provence* a oublié le principal ; il avoit parlé à Madame du ſecond voyage qui auroit levé toute difficulté. Ces mots furent pour moi un coup de lumiere ; il m'éclaira ſur le ſcrupule de Mademoiſelle ***. J'avois encore le remede dans mon porte-feuille ; en l'y allant chercher, je fus effrayé de voir combien il avoit perdu de ſon poids & de ſa ſubſtance. Quoique mon caractere n'ait jamais été acceſſible à aucun motif d'intérêt, & que celui-ci n'ait jamais balancé aucune de mes paſſions, je crois que, ſi je n'avois point apperçu le titre de mes tréſors d'Espagne, sur lequel j'avois hypothéqué l'indemnité de toutes mes folles largesses, je l'aurois refermé, sans avoir le courage d'en tirer l'antidote aux fluctuations de ma nouvelle Maîtresse. On sait qu'il devoit être de mille louis d'or; mes finances étoient si basses, qu'en deux ou trois ordonnances de cette sorte, j'aurois été au bout de toutes les recettes qui font éclore l'amour des Armides des foyers.

La Soubrette, sans perdre de temps, courut réparer mon oubli : la Maîtresse reparut presque aussi-tôt. Quelle métamorphose ! Son front étoit serein & radieux, son regard tendre, sa complaisance excessive : néanmoins mon bonheur fut remis au lendemain ; ma Divinité attendrie m'allégua avec regret des raisons faites pour être respectées. Forcé de céder à sa délicatesse, je sentis attiser mes désirs ; mais il fallut céder.

XIᵉ. JOURNÉE.

Nouvelle sottise. Espérance trompée.

LA privation irritoit mes feux : j'avois touché de si près au bonheur que j'avois cru saisir dès le premier instant de notre tête à tête ! mais il m'étoit échappé, comme l'eau des levres de Tantale. Je passai une nuit impatiente, & la tête me tournoit si fort à l'instant de mon réveil, que, pour remporter une victoire prompte & infaillible, je me déterminai à un surcroît de libéralités auxquelles la Belle ne pourroit jamais résister. A l'instant même j'envoyai chercher un Bijoutier. Un de mes valets de louage, qui devinoit probablement la destination de l'emplette que j'allois faire, offrit de m'amener M. Crochu, celui de Mademoiselle ***. J'y consentis. Au bout de quelques minutes, il arriva chez moi, & m'étala une douzaine d'écrins éblouiſſans.

J'étois en ſuſpens pour le choix; le Docteur ſurvint à propos pour me décider. Milord, me dit le Marchand, j'ai bien quelque choſe d'occaſion; c'eſt du beau, & vous aurez cela à grand compte. Il tira alors de ſa poche un collier que nous admirâmes. Il y mit le modeſte prix de douze mille livres: en vérité, pourſuivit-il, c'eſt pour rien. Mon ami le Médecin affecta d'examiner ce bijou avec l'attention ſcrupuleuſe d'un connoiſſeur. Il diſſerta ſur chaque chaton. Il faut convenir, dit-il, que cela n'eſt pas cher. Cinq cents louis à tirer de mon porte-feuille, cela commençoit à m'embarraſſer; je ne pouvois cependant réſiſter au déſir de me ſignaler dans cette grande occaſion. Je tirai le Docteur de côté, pour lui communiquer mon embarras. Bon, bon, me répondit-il fort haut, c'eſt une bagatelle; il ne faut pas, Milord, que cela vous arrête; M. Crochu eſt de mes amis; d'ailleurs, il est homme d'accommodement : si le bijou vous convient, il se contentera de votre billet. — Comment, Milord ! reprit le Bijoutier honnête & poli, tout mon fonds est à vos ordres. Si ces diamans vous font plaisir, je n'en aurai pas moins à prendre les arrangemens que vous jugerez à propos. Tant d'honnêteté & de confiance m'interdisoient jusqu'au moindre soupçon sur M. Crochu ; &, sans penser seulement qu'un si galant homme fût capable de me surfaire, je le priai de porter lui-même les diamans à Mademoiselle ✱✱✱. — Il faudra seulement, Milord, que vous ayez la bonté de me faire un petit mot de reconnoissance. Il traça aussi-tôt un billet de la valeur, & je le signai.

L'or aida Jupiter à tromper la vigilance de Danaüs, & à vaincre les rigueurs de sa fille ; sous la forme de ce métal tout-puissant, il pénétra jusque dans la tour d'airain où elle étoit renfermée. Les diamans n'operent pas de moindres miracles. Accablée de mes

mes préfens, la belle *** fit voir, à fon tour, la plus vive impatience de couronner des efforts aufli judicieux pour lui plaire. M. Crochu s'acquitta en homme éloquent de fes remercîmens, & m'affura que ma vifite étoit attendue avec impatience. J'y volai en frac. Que vous êtes élégant ! me dit la Princeffe en me voyant entrer : non, en vérité, Milord, on n'y fauroit tenir. Je répondis, elle répliqua. Le Lecteur fe hâte d'avance de deviner l'iffue de cette fcene ; mais il fe trompe. L'adroite femelle jouoit bien fon rôle, & n'en étoit pas à fon coup d'effai. Elle fut interrompue à point nommé. Elle fe hâta de me dire : Un aufli beau jour doit être terminé par une fête ; ce foir je vous attends, je veux vous couronner en préfence de tous vos Rivaux. Il faut nous féparer ; on vient. Mon enchantereffe me reconduifit jufqu'à l'anti-chambre, où j'achevai de m'enivrer, en baifant fa belle main, & en puifant dans fes regards le trait le plus vif de l'amour & de la folie.

Je m'habillai ; je fus dîner avec le Docteur chez le Baron de ***, celui dont les vastes conceptions m'avoient donné occasion de faire la bonne affaire qui m'enhardissoit à vider mon porte-feuille. De là, je fus m'étaler à l'Opéra, d'où, plus leger & plus brillant que Zéphir, je volai auprès de Flore qui m'attendoit pour me couronner. Il étoit près de dix heures, quand j'entrai chez Mademoiselle ***. Quelle cohue ! quel fracas ! quarante carrosses barroient sa porte ; les cochers fumoient sous la voûte d'entrée ; une foule de laquais se pressoit dans ses anti-chambres ; cinquante Petits-Maîtres élégans & autant de Nymphes adorables folâtroient dans les appartemens. Les yeux de tant d'heureux mortels se tournerent sur un seul. Les hommes, par leurs regards jaloux, sembloient envier son bonheur, & les femmes en attendre un coup-d'œil.

Ce mortel fortuné, c'étoit moi; cela valoit, en vérité, plus que je n'en pouvois donner. O mon porte-feuille! que n'étiez-vous encore plein? Je vous aurois bien vîte livré en échange d'un moment aussi flatteur.

Le bal commença. On me le fit ouvrir avec la maîtresse du logis. Des éloges perfides retentissoient à mes oreilles. C'est, disoit-on, l'Amour qui danse avec la plus belle des trois Graces. Qu'on se figure cinquante jeunes Français persifflant sur ce ton-là un pauvre here, roide & contraint, que la magnificence de son accoûtrement rend encore plus ridicule, & dont la vanité stupide prend tout cela pour argent comptant. J'étois choyé, entouré, caressé.... Hommes, femmes, tout le monde s'en mêloit à l'envi. A minuit, un ambigu superbe fut servi; la danse reprit ensuite. Tandis qu'une partie des convives prenoit ce plaisir, une autre s'égaroit dans des appartemens ouverts exprès, & éclairés précisément au point qui convenoit aux scènes diverses qui pouvoient s'y passer. D'un autre côté, on ouvrit un jeu considérable. Deux Marquis & un Chevalier de Malte me provoquerent à y tenter fortune ; ils étoient si engageans & si adroits, que je ne pus résister. Le Sort, jaloux sans doute des faveurs que m'alloit prodiguer l'Amour, avoit résolu de faire évanouir ma félicité, ou au moins d'en tempérer l'excès par les rigueurs les plus cruelles. Les Dieux de l'Enfer conspirerent avec lui à m'égarer. J'étois livré à un délire plus violent encore que celui que l'ivresse avoit pu excuser chez le Major Saggs ; en moins de deux heures le portefeuille infortuné avoit complétement fait le saut, & il n'y restoit plus que les espérances de l'Espagne. Amour ! Amour ! tu n'es donc pas le plus puissant des Dieux ? J'éprouvai alors une rage que toutes tes douceurs étoient incapables de calmer. En vain tes myrtes s'offroient à mes regards ; mes sens glacés étoient insensibles à tes plus charmantes espérances. Ce qui étoit plus fatal encore, c'est que l'énormité de ma perte commençoit à transpirer. Déjà les yeux qui s'étoient réunis pour me contempler, se détournoient avec indifférence. Les moins inhumains se bornoient à me plaindre tranquillement ; ma perfide Maîtresse, occupée à recueillir les profits d'une bouillotte, sembloit ignorer mon malheur ou s'en embarrasser peu. Je réfléchis sur un changement aussi rapide ; sombre & pensif d'abord, bientôt la crainte de devenir furieux, me fit hâter ma sortie d'un lieu où, en entrant, j'avois vu l'Olympe, mais qui ne m'offroit plus que l'Enfer & toute ses horreurs. Je passai par des anti-chambres inondées par l'ivresse dégoûtante des valets endormis, & fus me précipiter dans mon carrosse. J'ordonnai brusquement à mon cocher interdit de me mener à l'Hôtel.

Provence n'avoit eu garde de m'attendre : il se leva pour me mettre au lit. Mon Dieu ! Milord, s'écria-t-il, je vous croyois dans les bras de la plus belle femme de Paris. Je vous revois pâle, défait, l'œil égaré & farouche. — M. Provence, lui dis-je d'une voix sombre, vos compatriotes font de grands escrocs. — Milord, il y a de mal-honnêtes gens par-tout. — J'ai le malheur de n'en point rencontrer d'autres. — C'est que le gens de bien se font chercher, & que ceux qui ne le font pas viennent au devant de nous. Ce trait de morale me surprit dans la bouche de l'Agent de mes plaisirs. Je ne savois pas que les vices des subalternes tiennent à leur dépendance, & qu'ils font ordinairement ce que nous sommes nous-mêmes. — Il faut, Milord, ajouta-t-il, prendre un peu de repos ; si demain vous daignez me détailler le malheur qui vous aigrit, j'en chercherai le remede. Je le regardai de travers : ses réflexions me parurent impertinentes & déplacées. Je me couchai dans un silence morne & stupide. Quand mes rideaux furent fermés, les regrets & l'inquiétude vinrent m'assaillir. Mon imagination chercha des reſſources pour le préſent. Les mines ne m'offroient qu'un dédommagement éloigné. Enfin, je m'efforçois de me raſſurer ſur l'eſpoir des bons offices du cher Docteur. Cette illuſion m'aida à donner encore un ſoupir à ***. Je revenois de mon premier emportement, & je taxai ma ſortie de foibleſſe. Après d'auſſi bonnes réflexions, je cherchai le ſommeil: il fuyoit, & ce ne fut qu'au moment où le jour alloit paroître qu'il daigna me fermer les yeux.

XIIe. JOURNÉE.

Prudence du Docteur; ſa retraite.

LE ſang froid du réveil m'offrit, dans toute ſon horreur, la vérité de tout ce qui s'étoit paſſé. Je mandai le Docteur; il n'avoit point été de la fête; je rejetai mon malheur ſur ſon abſence: j'attendois ſes conſeils & ſes confolations. Il vint. — Ah ! mon cher ami, lui dis je, je fuis perdu ! Mon porte-feuille.... — Quoi ! dit-il. — Il eft vide. Ici il perdit la parole, fans me répondre ; fon vifage fe glaça, & fes yeux fe collerent fur le parquet. Comme il gardoit un profond filence, je ne fais, ajoutai-je, où donner de la tête. — Milord, me dit-il, cela eft bien malheureux. — Eh bien ! mon cher Docteur, j'ai befoin de vos confeils & de votre affiftance. — Vous m'interdifez tout à fait ; mais G**, votre Banquier.... Je fuis bien au défefpoir que les crédits que vous venez d'épuifer fi malheureufement, n'aient pas été fur ***. Nous fûmes interrompus par une lettre qu'on m'apporta. J'y vis, en Anglais, ce qui fuit :

» Mon affliction eft extrême, Milord:
» j'ai eu bien du regret que vous vous
» foyez éclipfé brufquement hier de
» chez moi ; tout confidéré cependant,
» cela n'eft pas fi malheureux : vous
» auriez été témoin d'un affront que

» je viens de recevoir, & votre pré-
» sence n'auroit servi qu'à le rendre
» plus sensible. Ah ! Milord, que ce
» pays-ci est encore éloigné de la liberté
» qu'on a dans le vôtre. Imaginez-
» vous qu'à mon lever on m'a fait une
» querelle de mon bal & du jeu que
» j'ai souffert chez moi. Permettez que
» je vous dise que votre imprudence
» m'a en partie attiré cet éclat : vous
» êtes sur la liste de ceux qu'on sup-
» pose avoir à se plaindre ; vous savez
» cependant qu'on n'y a contraint per-
» sonne. Concevez-vous, Milord,
» quelle horreur, pour une femme
» comme moi, d'être *réprimandée !*
» Je vous en conjure, ne venez pas
» aujourd'hui, &c. «.

J'ai en grande partie oublié cette belle épître ; je viens d'en donner au moins l'esprit & le précis. J'aurois honte de transmettre la réponse que j'y fis ; je dirai seulement qu'elle étoit analogue à ma crédulité & à la facilité malheureuse qui m'avoit entraîné, pour ne rien dire de plus, de foiblesse en foiblesse.

Je l'envoyai par un de mes gens. Il trouva la Dame délogée : en sortant du bal, elle étoit montée dans le carrosse du Marquis de ***, après le congé que je venois de recevoir. Un portier mal-adroit & peu stylé, encore plein des fumées du vin avalé la veille, fit cet aveu à mon messager, & celui-ci me rapporta la chose sans déguisement.

Ruiné au jeu, trahi ou plutôt joué pour la seconde fois par l'Amour, que l'on juge de ma colere ! Il ne me restoit plus la moindre illusion pour me distraire ; & le bandeau qui auroit dû tomber de mes yeux, en étoit arraché avec force.

Le Docteur, avec qui l'on a vu mon entretien interrompu par la lettre que je viens de rapporter, s'étoit éclipsé assez lestement de chez moi pendant que j'avois fait la réponse. Je le demandai ; on m'apprit qu'il étoit sorti de l'Hôtel : j'envoyai chez lui ; l'on me fit dire qu'il n'y étoit pas. O mon porte-feuille épuifé ! comme vous changiez les êtres ! Livré à moi-même, je paffai le refte du jour dans les plus cruelles perplexités, & je m'épuifai en vains projets pour vaincre les calamités que le deftin offroit à mes yeux.

XIIIe. JOURNÉE.

Surcroît inattendu de malheurs. Difgrace amere. Confolation. Rencontre finguliere.

Après tous les malheurs que je venois d'éprouver pendant douze jours de féjour dans cette Capitale, je ne devois point m'attendre que le Sort m'eût réfervé, pour le treizieme, des difgraces plus accablantes encore mille fois. Il n'avoit fait que préluder : après avoir réuni tout ce qui pouvoit fecrétement humilier ma vanité & punir mon imprudence, il me préparoit les honteuses douleurs, & le plus flétrissant de tous les affronts. J'avois passé la nuit, agité par une fâcheuse insomnie. Vers le matin, j'éprouvai des souffrances aiguës; elles étoient locales. Je ne pus me méprendre à leur cause, & je m'en apperçus avec effroi. Voyageur jeune & imprudent, sans doute vous m'entendez; pour peu qu'on fasse de connoissance à l'Opéra, sur-tout si vos liaisons y ont été formées par gens dont l'état ne demande que plaies & bosses, vous n'avez guere pu échapper à de semblables accidens. Mon sang, mis en fermentation par cette triste découverte, s'aigrissoit encore par les réflexions dont elle m'accabloit. Je versois des larmes de confusion & de rage, & me rappelois, avec horreur, l'exécrable ***. J'étois ainsi plongé dans l'abîme que creusoient sous mes pas le repentir, la honte & le désespoir, quand on m'annonça M. Crochu, cet honnête Marchand qui m'avoit fait crédit pour le collier que j'avois envoyé à la perfide ***.

Milord,

Milord, me dit-il d'un ton benin, je viens recevoir le montant du billet que vous m'avez fait. Je fus étonné d'un empreſſement auſſi peu attendu. Comment ! lui dis-je d'une voix interdite & pâliſſant comme un coupable. Le Bijoutier obſerva ce mouvement. Oui, Milord, pourſuivit-il roidiſſant un peu le ton ; je viens d'apprendre que vous retournez en Angleterre. Je ſuis perſuadé que vous n'avez pu avoir l'intention de partir ſans me ſatisfaire : je ſuis venu. — Moi, partir ! il n'y a point d'apparence. — Oui, Milord, j'en ai été informé hier au ſoir de bonne part ; j'ai même cru qu'il étoit prudent, tant on a ajouté de circonſtances à la maniere dont votre projet m'a été annoncé, de me pourvoir à tout événement ; mais avec un homme comme vous, j'aurois des reproches à me faire, ſi je n'en agiſſois pas bien. La ſentence que j'ai obtenue ne ſera qu'une précaution de formalité, parce que je ſuis ſûr qu'il eſt fort éloigné de

Tome I. S

votre pensée de me faire aucun tort. Votre départ clandestin est une chimere qui appartient à l'imagination de ceux qui sont venus m'en donner avis. Il est très-possible que vous ayez vos raisons pour précipiter votre retour chez vous, sans avoir l'intention d'emporter le bien d'un pauvre Marchand. A chaque mot que proféroit mon inquiet & précautionné créancier, je tombois de mon haut. L'indignation que devoit m'inspirer un procédé aussi offensant, succéda à la surprise. Les circonstances étoient bien assez impérieuses, pour me forcer à mettre un frein à ma colere; excité par tous les maux & les affronts qui pleuvoient sur moi à la fois, j'oubliois que l'homme qui doit, a mis en gage sa liberté envers celui dont il s'est rendu le débiteur; lâchant la bride à tout mon dépit, je maltraitai imprudemment celui au pouvoir de qui je m'étois livré. Il répondit à mes vaines injures par des menaces qu'il ne tarda point à effectuer. Le bouillant Provence, non moins irrité que moi, le fit fortir avec violence de mon appartement.

Dans la lutte que le colere M. Crochu avoit eue en fortant, il étoit échappé un billet de fa poche ; un de mes gens l'avoit ramaffé, & le remit fur le champ entre mes mains : je l'ouvris ; quels caracteres frapperent foudain mes yeux ! Je me hâtai de lire.
» Les obligations que je vous ai,
» Monfieur, & l'intelligence qui doit
» régner entre nous, me forcent à
» vous dire qu'hier au foir *le petit fot*
» s'eft ruiné chez moi ; il eft forti
» furieux & égaré. Infailliblement il
» reprendra la route de fon pays fans
» dire garre : ce n'eft pas affez que
» j'en fois débarraffée ; il faut encore
» que vous foyez fatisfait. Le trou que
» fit à la lune fon compatriote, il y
» a deux mois, doit vous fervir de
» leçon ; prenez vos précautions à
» temps. Pour moi, je fors de la ville
» avec le petit Marquis ; à notre

» retour, nous arrangerons nos petites
» affaires. Brûlez ceci «.

L'épouvante & l'horreur firent tomber le papier de ma main. Les Furies de l'Enfer elles-mêmes n'auroient point égalé les transports de mon courroux ; il étoit si violent, que j'étois près d'y succomber. J'envoyai chercher le Docteur ; on vint me redire qu'il étoit aussi allé en campagne, qu'il y passeroit trois jours auprès d'un malade. Un malade ! m'écriai-je ; c'est le seul, c'est le premier depuis mon séjour à Paris ; je perce ce mystere d'iniquité ; le scélérat partage avec les autres ! Je n'eus point la force d'en dire davantage ; l'effroi de tant de perfidies me plongea pour deux heures entieres dans une crise qu'il seroit difficile d'exprimer. Rendu à moi-même, je tombois dans d'autres perplexités : mon imagination me peignoit tous les suppôts de la Justice surprise par la cohue des scélérats qui m'avoient entraîné dans cet abîme.

Il n'y avoit pas un inſtant à perdre, & il étoit temps d'agir. J'envoyai chercher l'implacable créancier, & lui fis dire qu'il pouvoit venir recevoir ſon paiement. Mon Emiſſaire le trouva peu difpofé à revenir chez moi. Enfin l'eſpoir de toucher du comptant, le fit retourner ſur ſes pas. Je ſais, Monſieur, lui dis-je en le voyant, que les ſcélérats qui m'ont dépouillé peuvent ſeuls vous inſpirer les alarmes qui vous portent à me déshonorer : mais n'importe, il faut les diſſiper. J'ai un effet d'une valeur conſidérable; je vais le remettre entre vos mains, pour vous ſervir de gage juſqu'au moment où je me ſerai acquitté. Milord, me répondit-il, malgré les traitemens dont j'ai à me plaindre, & le beſoin preſſant que j'ai d'argent, je ferois encore charmé de vous être utile, & je me prêterai à tout ce qui ſera raiſonnable. Eh bien ! Monſieur, lui répliquai-je, ſi dans un mois vous n'êtes pas ſatisfait, l'effet eſt à vous. Oh ! Milord, je ne demande que mon dû avec les intérêts, comme de raison : loin de moi toutes ces ames dures & sans conscience, qui se font nantir de gages triples & quadruples, &, au quart-d'heure de l'échéance sonné, les confisquent à leur profit. Je tirai alors de mon porte-feuille la précieuse action dans les mines : Tenez, Monsieur, lui dis-je, voilà votre caution. Après l'avoir parcourue des yeux, est-ce là, me dit-il froidement, tout ce que vous avez à me donner ? — Comment, tout ! cet effet me coute trois mille louis d'or, & vous ne l'auriez pas pour cinq mille sur la place. Il sourit avec pitié. J'en ai, Milord, de pareils à vous vendre à quinze cents livres, & dans huit jours on sera fort heureux de s'en débarrasser pour rien. Adieu, Milord, je vous baise les mains, mon temps m'est précieux ; si votre argent est prêt, envoyez-le chez moi avant une heure sonnée. Il sortit. Je restai interdit, plus furieux encore qu'auparavant ; mon désespoir me rendoit stupide, & m'ôtoit la faculté de penser.

Effrayé de l'inutilité d'un aussi grand sacrifice, j'attendois mon malheur en silence & avec une insensibilité féroce.

Il y avoit peu de minutes que l'heure fatale avoit frappé, quand on vint m'arrêter, *de par le Roi*. La foudre tombée à mes pieds n'auroit pas fait un effet plus terrible. A la vue des recors qui m'environnoient, je rugis comme un lion; j'écumois, & les larmes inonderent mon visage. Il fallut marcher. Je fus mené au For-l'Evêque avec Provence. Arrivé dans ce séjour dont l'horreur étoit si nouvelle pour moi, je sentis une sueur froide s'étendre sur tous mes membres : la vue des monstres qui se présentoient à mes regards, le bruit de vingt guichets que l'on ouvrit successivement avec fracas, me causoient d'horribles tressaillemens. Entre deux haies de prisonniers que la curiosité amenoient sur mes pas, je traversai plusieurs parties de cette effrayante demeure. Parvenu à un réduit sombre, qu'on m'annonça m'être destiné, je me jetai, ou plutôt je tombai, fans force & prefque fans fentiment, fur le grabat dépouillé qu'il offrit à mes regards. J'y fanglotai jufqu'au foir, fans avoir la force de répondre aux confolations que le défolé Provence employoit pour relever un peu mon courage. J'avois refufé toute nourriture ; j'étois fi abattu, que, fi les douleurs cuifantes qui vengeoient les mœurs & la pudeur outragées, ne m'avoient de temps en temps rappelé au fentiment pénible de mon odieufe exiftence, mon anéantiffement auroit été femblable à celui de la mort.

Vers les fix heures du foir, l'horrible bruit des clefs interrompit encore le filence qui regne fous les voûtes lugubres de cet affreux féjour : on ouvrit ma porte. Quelle honte & quelle confufion ! c'étoient le Chevalier ** & Bouillac. A leur afpect, je me détournai avec précipitation, &, de mes mains, je tâchois de cacher mon vifage, où les pleurs couloient avec une double violence : mon ame déchirée étoit prête à m'abandonner.

D'où vient cette défolation ? me dit tendrement le Chevalier *** ; nous sommes vos amis ; nous venons ici seulement pour vous servir. Le bruit de l'affront que vous avez essuyé est parvenu jusqu'à nous ; nous n'avons pas balancé un moment ; faites-nous la grace, Milord, d'accepter nos bons offices, en échange de la confiance que nous vous demandons. J'ai amené Bouillac avec moi, parce que je suis sûr que son bon cœur emploiera pour vous son activité accoutumée. Je relevai alors sur eux mes tristes regards ; un mouvement d'attendrissement & de reconnoissance me fit saisir la main du Chevalier *** ; mais la honte venant m'assaillir aussi-tôt, je retombai dans ma premiere posture. Courage, mon cher ami, me dit celui-ci ; on peut être jeune & avoir fait quelques folies; mais il faut souffrir que nos amis nous en tirent. Expliquez-vous franchement ; nous ne pouvons rien faire sans cela. Soulagé un peu par ces paroles, je retrouvai la force de leur exposer, en sanglotant, les causes & les circonstances de ma détresse. Il n'y a pas là, Milord, de quoi se désoler, reprit Bouillac. Nous remettrons à un autre temps les réflexions que tout ceci pourroit faire naître ; il s'agit de vous retirer de cette triste demeure : il faut instruire votre Banquier de vos besoins. L'épuisement précipité des crédits que vous aviez sur lui, peut être réparé par la confiance qu'il pourra nous accorder : je suis forcé à remettre votre sortie à demain matin. Il faut du moins vous procurer, pour ce soir, tout le soulagement & toutes les douceurs qu'il est possible de rassembler à la hâte dans un lieu comme celui-ci. Prenez courage ; je sors pour travailler à y abréger votre séjour. Il me laissa avec Bouillac, dont l'amitié tendre & indulgente acheva de calmer mon désespoir, & , par des réflexions plus calmes, me prépara à réparer des fautes dont je rougissois bien sincérement. Le Concierge ne tarda point à me faire passer dans une chambre plus décente & plus commode. Après m'avoir fait prendre quelques légers alimens, le Chevalier ***, baigné des larmes que me faisoit répandre la reconnoissance, me quitta les yeux humides.

Je commençois à respirer un peu : semblable à un malheureux qu'on vient de tirer d'un fleuve profond, & qu'on rappelle par degrés à la vie en le débarrassant du fluide qui le suffoquoit, mon ame commençoit à surnager à ses douleurs. Je m'assoupissois de fatigue, malgré les souffrances aiguës qui affligeoient le corps. Après que le calme fut revenu dans mon esprit, je me serois livré au sommeil, si Provence ne m'eût annoncé la visite de deux prisonniers qui demandoient avec empressement à me voir. C'étoient Milord M.... & M. P..... Il eut à peine le temps de me dire leurs noms : sans attendre ma réponse, ils entrerent presque aussi-tôt que lui. Eh bien ! mon cher compatriote, me dit Milord M.... par quelle aventure malheureuse vous

trouvez-vous donc dans notre compagnie ? Quant à moi, je suis le doyen de la maison ; en vérité, j'y suis devenu Philosophe comme Sénèque : pour un Sage, le bonheur est par-tout. Je vis content comme un Roi ; &, narguant les fripons qui m'y ont fait mettre, je suis résolu d'y passer plutôt un siecle, que de lâcher une obole. Pour le pauvre P...., son stoïcisme n'est point encore d'une trempe à se faire un Olympe de ce Caucase maudit. Il s'y lamente de temps en temps ; mais lorsqu'il fait l'enfant, avec du bon vin, du punch & quelques Nymphes jolies qui viennent nous aider à philosopher, je le remets dans le bon train, & il apprend à braver le malheur. J'écoutois avec surprise un discours qui devoit me paroître aussi extraordinaire dans la bouche de celui qui parloit. Sans me donner le temps de répondre : Ce séjour, reprit-il, est un jour de fête pour nous ; il faudra, s'il vous plaît, vous égayer. La tristesse n'a jamais tenu devant moi ; vous
seriez

feriez le premier à qui mes conseils & mon exemple n'auroient pu parvenir à inspirer tout à la fois l'immobilité d'ame d'Epictete, & la gaieté de Démocrite. Venez, mon cher Milord, je vais vous faire voir quelques Philosophes de mon école; il y a ici nombreuse & bonne compagnie, & beaucoup de gens plus honnêtes que ceux qui les y retiennent.

Je voulus m'excuser, mais il n'y eut pas moyen. Je me laissai donc entraîner dans l'appartement de Milord M.... J'y trouvai un très-bon souper, & l'élite des citoyens du For-l'Evêque. Je ne pouvois faire qu'une triste figure à ce banquet. On fit de vains efforts pour me tirer de ma taciturnité. Il regne un usage parmi nous, dit Milord M.... à la fin du repas, c'est que tout nouveau venu nous fasse une confession candide des causes qui nous procurent le plaisir de le voir. Pour l'encourager, chacun, à la ronde, lui fait l'histoire véridique de ses disgraces ; c'est par ce premier aveu que nous nous connoiſſons les uns les autres ; ainſi, mon cher Milord, préparez-vous à faire le vôtre ; voici le mien :

Des filles, du vin, du jeu, des fripons, des filoux en rabat & en plumet, ſur-tout un Médecin que nos compatriotes citent ſouvent en pareille matiere, enfin mes propres ſottiſes ; voilà ce qui a coopéré à me claquemurer ici : mais les gens mal intentionnés qui m'y ont fait fourrer, y perdront leur latin. Grace à ma philoſophie, je me trouve bien, & j'eſpere leur faire perdre patience. A toi la balle, mon ami P.... ; raconte-nous ton cas, ſans rougir & ſans biaiſer.

Mon hiſtoire, Milord, roule à peu près ſur les mêmes points que ceux que vous venez d'entendre ; des mobiles tout pareils, m'ont pouſſé dans cette geole ; mais le grand Médecin a eu une part plus directe à mes aventures. Je ne pourrai guere vous compter les choſes *ab ovo*, ſans mettre ſon nom preſque en titre. Vous ſaurez donc qu'il y avoit huit jours que j'étois arrivé à Paris, quand je fis la malheureuse connoissance du Docteur. J'étois un peu stimulé du démon de la chair; & celui de la vanité me souffloit, en outre, la fureur de faire parler de moi. Le serviable Médecin fut me déterrer une innocente prétendue, qui étoit encore sous l'aile de la plus *chère* de toutes les *mamans*. J'achetai & je payai, en Milord, des prémices que l'on vendoit peut-être pour la centieme fois. Je ne tardai point à découvrir l'imposture. Indigné d'avoir été joué, j'ai voulu rétracter certains engagemens que j'avois faits à la mere supposée; mais la prévoyante & fine mouche, versée dans la pratique, & connoissant le style notarial, leur avoit donné un tour & une forme auxquels il n'y avoit rien à répondre qu'à payer. Je n'ai pas voulu le faire. On m'a amené dans ce lieu de réflexions, où je me débats à l'aide d'un Procureur retors. Mon procès est simple. Par les mémoires sur la vie de la petite J...., que je suis parvenu à recueillir dans plus d'un

B—el, je prouve n'avoir point reçu valeur ; donc mes engagemens sont nuls. Je vais plus loin, *est error personæ*, l'honnête Madame J.... avoit promis de me livrer sa fille, & sa fille neuve & chaste comme Diane. Or, elle ne m'a livré que celle d'une Blanchisseuse du Gros-Caillou, qu'elle avoit été prendre près des Boulevarts, dans un endroit où la virginité n'habita jamais. Vous sentez bien, Milord, que ma cause est excellente ; mais je n'en suis pas moins coffré ici, par l'intervention de cinq ou six Fripiers que cette bonne Dame a fait agir. Sans Milord M...., je m'y serois livré au plus fou de tous les désespoirs. Peut-être aurois-je fait la sortise de jeter à la tête de mes persécuteurs, un argent que je compte leur faire acheter, en les faisant passer par toutes les étamines de la Police : du reste, nous menons ici, comme vous voyez, joyeuse vie. A votre santé, Milord ; soyez-y le bien venu.

Tous les convives me régalerent d'un récit à peu près semblable ; enfin mon tour arriva. Milord M...., dis-je, & M. P...., ont impliqué la Faculté dans leur disgrace. C'est aux instigations du même homme, que je dois la honte & le déplaisir d'avoir fait, à moi seul, plus de sottises en dix ou douze jours, & d'avoir été plus dupé dans ce court espace, qu'ils ne l'ont été pendant des années entieres. Je commençai à leur détailler ce qui m'étoit arrivé pendant mon séjour. Quand j'eus fini : consolez-vous, me dit P...., vous n'êtes pas le seul homme qu'il ait fait donner dans le pot au noir, & vous ne serez pas le dernier, probablement. Remerciez même Dieu, que les choses aient tourné ainsi. Il a causé vos maux, cela est fâcheux; mais ce seroit bien pis, s'il entreprenoit de les guérir.

On vouloit m'engager à passer le reste de cette nuit à table, & j'eus bien de la peine à obtenir de Milord M...., la permission d'aller prendre un peu de repos, pour me disposer à pouvoir le lendemain conclure mes affaires. Comment, conclure! dit-il. Vous nous quitterez donc bien vîte ! Milord, lui repartis-je, j'ai peu de philofophie, & je jouis d'une fortune confidérable : j'aime mieux facrifier mon argent & garder une force d'ame, dont je fuis contraint d'être économe, pour une meilleure occafion ; d'ailleurs, l'air de ce lieu, quelque agréable que votre fociété puiffe le rendre, ne conviendroit pas à un malade. Adieu donc, mon cher, dit-il ; guériffez-vous ; recommencez enfuite, & revenez ici le plus tôt que vous pourrez ; il y a à parier que vous m'y retrouverez pour vous recevoir. Je me retirai haraffé & accablé de mes douleurs. Je ne pus jouir que d'un repos interrompu tour à tour par les fouffrances aiguës que caufoit la contagion dont j'étois atteint, & par les furfauts pénibles qui terminoient les fonges lugubres dont les lieux & les circonftances rempliffoient mon cerveau.

XIV.ᵉ JOURNÉE.

Ce que c'étoit que mon Provençal. Ma sortie de la prison.

A travers l'étranglement que forment les toits serrés qui environnent le For-l'Evêque, l'aurore, plus tardive là que dans tout le reste de Paris, fit briller le premier rayon du jour entre les barreaux qui fermoient ma lucarne. Plus paresseuse que moi, elle me trouva éveillé. J'étois occupé, depuis une heure, à repasser en moi-même, & à rougir des artifices grossiers dont j'avois été la dupe. Mais le dépit & la colere étoient évanouis : je ne me faisois plus que cette espece de pitié si voisine d'un changement sincere & véritable. Dans ces premiers momens du retour de ma raison, je m'adressai au Ciel, & je le remerciai même de ces douleurs, fruits tristes & honteux d'une coupable & trompeuse volupté.

Je confidérois fur-tout la baffeffe fouple & rampante du vil & méprifable mortel qui m'avoit mené dans les fentiers obliques & femés de fleurs, par lefquels j'avois été moi-même au devant du vice & du déshonneur.

Provence ronfloit paifiblement fur un lit qu'on lui avoit dreffé dans mon réduit. Je réfolus de l'éveiller. Comme il avoit été le complice de mes folies, je voulus fignaler, par fa converfion, le commencement de la mienne. Je l'appelai. — M. Provence, lui dis-je, après ce qui vient de fe paffer, je devrois vous donner congé. Par le meffage habile, mais méprifable, que vous avez fait pour moi, vous avez contribué à m'entraîner dans le précipice. C'en feroit affez pour que je me défiffe de vous : je veux cependant bien oublier la maniere dont vous avez aidé à égarer ma jeuneffe, parce que j'ofe me flatter que vous prendrez le ton fage & honorable que je fuis déterminé moi-même de prendre avec ceux qui m'approcheront.— Milord, dans l'état où de malheureuſes circonſ-tances m'ont placé, j'ai cru devoir à vos ordres la plus parfaite ſoumiſſion. Faites-moi cependant la grace d'être perſuadé, que je n'en ai pas eu moins de regret à vous voir donner, avec autant de fureur, dans les travers où l'on vous entraînoit ; mais il ne m'ap-partenoit pas de vous donner des avis, dans un moment ſur-tout où vous les auriez probablement mal reçus. Je conviens avec repentir que j'ai fait comme le chien qui portoit à ſon cou le dîner de ſon maître : ne pouvant le ſauver de l'avidité de ceux qui ſont ſurvenus, j'en prenois ma part. Je crois cependant que vous êtes aſſez juſte pour diſtinguer entre un pauvre domeſtique qui s'acquitte de la com-miſſion qu'on lui donne, & le mortel dangereux & effronté qui dreſſe le piége & fait naître l'occaſion. — Mons Provence, vous êtes pardonné, à condition d'avoir déſormais autant d'honnêteté que de rhétorique. — Ah ! Milord, ſoyez perſuadé que j'aurai bien du plaisir à n'exécuter jamais d'ordres de votre part, que ceux qui vous feront honneur. Je n'ai pas gagné à courir le monde : ma position surtout m'a dégradé ; mais mes premiers principes & ma première éducation reviennent quelquefois. — Comment, dis-je, votre éducation ? — Oui, mon éducation : elle fut très-bonne, & il n'a tenu qu'à moi d'en profiter. Si le récit des aventures d'un pauvre diable comme moi méritoit de vous être fait, vous verriez, Milord, que je me suis égaré dans des routes semblables à celles où vous avez manqué de vous perdre, & que même je pouvois avoir des raisons directes, pour déplorer l'excès de la derniere erreur où vous alliez tomber malheureusement. Dans le cours de mes aventures, une fatale expérience m'avoit prévenu combien il étoit dangereux pour un serviteur, de faire des remontrances à son maître ; une main vengeresse a écrit sur mon dos cette leçon : *Ne dis jamais aux Grands que ce qu'ils veulent bien entendre.*

— Je témoignai quelque curiosité d'écouter son histoire, parce que je voulus savoir quel incident pouvoit y jeter du rapport avec le cours lamentable d'aventures que je venois d'éprouver : il commença à peu près ainsi :

Je suis né à Riez, de parens honnêtes. Mon pere étoit Assesseur ; ma mere étoit la fille d'un Bourgeois fort aisé de Marseille ; je suis fils unique, n'ayant qu'une sœur, aujourd'hui bien établie à Fréjus. Je pouvois espérer, à la mort de mes parens, un héritage d'environ vingt mille écus. Si mon humeur vagabonde m'avoit permis de mettre à profit cette petite fortune, je serois aujourd'hui un citoyen honorable & aisé, & j'aurois pu, pour le moins, m'asseoir sur les fleurs de lis dans quelque Présidial. Mais des sens intempérans & un esprit libertin, en me faisant sortir des bornes du devoir, ont fait disparoître cette perspective. Je faisois mes études au collége de Marseille. Dans toutes les

Tragédies que l'on fait jouer aux écoliers, j'avois brillé. Ces petits succès m'avoient inspiré la manie du théatre. Un jour je m'échappai de la pension, pour aller furtivement à la Comédie. Je fus enchanté de tout ce que j'y vis; entre autres choses, je fus vivement touché par la figure & le jeu d'une jeune Actrice, dont les yeux avoient bien une autre éloquence que celle de mon Professeur : avant la fin de la piece, je me sentis tout à la fois embrasé d'amour pour Mademoiselle Victoire, & entraîné par le démon dramatique. Dès ce moment, je résolus de faire faux bon à mon collége, & je guettai le moment favorable pour exécuter mon projet. J'appris par quelques externes qui fréquentoient le spectacle aux risques des étrivieres, que la troupe devoit partir de Marseille pour aller jouer à Aix. Dès que je sus qu'elle étoit en route, je m'échappai, & je fus la rejoindre. Ma figure eut le bonheur de plaire au Directeur. Elle ne revint pas moins à Mademoiselle

selle Victoire, qui avoit beaucoup de crédit sur son esprit, avec une très-grande influence sur tout le reste de la bande, à qui ses attraits & ses talens étoient forts utiles. Je fus agrégé. Je ne vous ennuierai pas, Milord, du détail de ma vie comique. Pendant deux ans, j'ai foulé les treteaux des Provinces, en me livrant à toutes les débauches qui signalent d'ordinaire les histrions errans.

Ennuyé d'errer ainsi, je me proposai de venir chercher fortune à Paris, n'osant pas retourner chez mes parens, aux yeux de qui ma qualité de Comédien avoit rendu mon échappée impardonnable. Sur la scène, où plusieurs fois j'avois affronté les sifflets, j'avois acquis une hardiesse & une intrépidité dans mes manieres, que l'on n'attrape nulle part ailleurs. Bientôt j'eus grand nombre de connoissances de café; je fis, entre autres, celle d'un petit Prêtre Italien, bossu, qui enseignoit sa Langue & vendoit des antiques. Cet homme connoissoit les ressources de la Capitale,

& les traveſtiſſemens qui y ſont les plus favorables à l'induſtrie. Il me conſeilla de me faire Abbé, & de chercher un préceptorat. Vous êtes joli garçon, me dit-il ; vous ne pourrez manquer de plaire, ſous cet habit, à quelque femme raiſonnable ; elle vous donnera ſon héritier à inſtruire, & pourra ſans conſéquence s'accommoder de vous. Il ſe chargea de me trouver une place de ce genre. Vous ne ſauriez croire, ajouta-t-il, les reſſources que le petit collet nous met à la main : avec lui on entre par-tout. C'eſt à cette facilité qu'il m'a donnée, que je devrai le plaiſir de vous ſervir en cette occaſion : malheureuſement forcé à vivre d'intrigues, il faut adopter le coſtume qui nous fait réuſſir le plus vîte, & ſous lequel on eſt le mieux à couvert.

Quatre jours après cet entretien, mon Italien vint me trouver. J'ai votre affaire, me dit-il : ſur ma recommandation vous entrerez chez Madame **; c'eſt la femme d'un Conſeiller. Ce couple n'a qu'un fils unique, qui ſera votre éleve. Monsieur *** est un sexagénaire, qui idolâtre son fils & laisse faire sa femme. Vous aurez très-peu à faire à lui. Le désir d'avoir un héritier, lui a fait épouser Madame **, il y a environ dix ans ; elle n'en avoit alors elle-même que vingt. Content d'avoir postérité, rien ne pourroit le choquer de la part de sa femme, qu'un éclat indiscret ; & puisque la besogne du ménage surpasse ses forces, il consent qu'elle charge quelqu'autre de s'en acquitter. Sa moitié n'use de cette permission qu'avec réserve & dignité. A trente ans, cette femme éprouve toute l'ardeur d'un tempérament emporté. Un Précepteur de votre âge & de votre figure, & sous cet habit, emblême de la discrétion, ne pourra manquer de lui agréer. Venez me joindre à cinq heures à la Place Royale, & vous serez présenté sur le champ.

Je fus exact au rendez-vous, & le soir même je fus introduit chez le Conseiller. Madame me considéra depuis les pieds jusqu'à la tête ; après quelques légeres queftions, je fus accepté. Je ne tardai pas à m'inftaller dans cette maifon, ni à m'appercevoir que les foins qu'il s'agiffoit de donner à l'éducation de mon éleve, formoient la partie la moins laborieufe de mon emploi. La maman étoit fraîche & ragoûtante ; fi j'avois été affez raifonnable pour m'en tenir aux occupations domeftiques qu'elle me fourniffoit, j'aurois vécu long-temps heureux dans cette famille : j'aurois pu y attendre paifiblement la fucceffion de mes parens irrités de mon équipée de Marfeille ; mais mon humeur libertine vint détruire ma félicité.

Nous demeurions au Marais : une Blanchiffeufe du fauxbourg Saint-Antoine fervoit la maifon. Elle n'y venoit jamais fans être accompagnée d'une petite fille *broufée*, d'environ quatorze ans. A travers le peu de foin que cet enfant prenoit de fes appas, mon œil friand & connoiffeur déméla une phyfionomie charmante, & fur-tout certain regard amoureux, auquel, dans les dispositions où j'étois alors, on ne résiste guere. Il y avoit quelque temps que je cherchois noise à cette poulette, & notre connoissance étoit fort avancée. Un jour qu'elle étoit dans ma chambre & qu'elle m'aidoit à salir une paire de draps qu'elle étoit venue y chercher, la patrone du logis entra brusquement; elle regarda mon action comme un vol domestique, & probablement regretta plus ce que je lui dérobois par cette infidélité, que tout autre larcin que j'aurois pu lui faire.

Grace au tempérament amoureux de la Dame, je fis cependant ma paix dès le soir même, en la dédommageant avec usure; mais la petite Blanchisseuse ne revint plus au logis. L'Amour est bien malfaisant & bien obstiné: plus une chose nous est interdite, plus il nous en inspire le désir. La petite fille étoit cramponnée dans mon cœur. Je ne m'occupois que des moyens de la revoir, & de m'assurer sa possession. Mes honoraires, comme Précepteur, étoient fort honnêtes; sous un autre aspect, ma patrone pourvoyoit amplement à tous mes besoins. J'avois même des revenant-bons considérables. On ne laissoit échapper aucune occasion de me faire quelques présens : nouvelle année, anniversaires de toute espece ; j'attrapois toujours quelque chose. Avec tant de ressources, je conçus le projet de mettre Thérese en chambre ; & bientôt je l'exécutai.

Pendant un mois entier, je savourois paisiblement les douceurs de cette liaison clandestine. Madame la Conseillere devoit s'appercevoir du vide qui en résultoit nécessairement dans ses plaisirs. Je lui en dérobois la cause, par des indispositions feintes. Loin de rien soupçonner, la bonne Dame mettoit les soins les plus délicats & les plus attentifs à réparer promptement le délabrement d'une santé aussi intéressante. La Fortune résolut enfin de traverser ma félicité. Je n'avois pu loger Thérese que dans une maison assez facile, & sur laquelle, par conséquent, la Police avoit l'œil ouvert.

Je m'y rendois tous les jours vers le soir, sous divers prétextes que l'indulgence & la crédulité de mon amoureuse Conseillere l'empêchoient d'approfondir. C'est une capture pour cette Police incivile, qu'un petit-collet. Aussi vint-elle me surprendre entre les bras de ma Nymphe. Je résistai; cela fit scène, & pour m'en payer, l'on m'envoya à B.... Alarmée sans doute de ne point me voir reparoître, la mere de mon éleve prit des informations; il n'étoit pas difficile de trouver le fil d'une aventure comme la mienne. Les circonstances scandaleuses de cette seconde infidélité, parurent impardonnables. On ne voulut ni me protéger, ni me revoir.

Après quinze jours de correction, j'obtins ma liberté. Je me rendis chez le petit Abbé Italien; j'en reçus la plus sévere & la plus judicieuse réprimande. Il étoit chargé de me remettre tout ce qui m'appartenoit, avec quelques louis d'or, que l'indignation de la Dame n'empêcha point sa reconnoissance d'ajouter au solde léger de mes honoraires.

Cette cruelle disgrace n'avoit point éteint mon amour insensé. Mon premier soin fut de me mettre sur la trace de ma chere Thérese. Je fus long-temps sans pouvoir la retrouver. On lui avoit aussi fait faire une retraite. Mais comme elle étoit jeune & jolie, un des Administrateurs en eut pitié : moyennant le tribut usité qu'elle paya au saint homme, sa captivité fut courte, & bientôt elle réfugia ses appas chez une femme obligeante, accoutumée à recueillir les pauvres abandonnées.

Thérese étoit si fraîche & si piquante, en dépit du petit malheur qu'elle venoit d'essuyer, que Madame G.... résolut de la refaire & d'en tirer bon parti. Sa virginité renouvelée par le merveilleux secret que possédoit la matrone, elle ne fut pas embarrassée pour trouver un chaland crédule & bon payeur. Cette fleur fut offerte au Marquis D**. Enchanté de sa bonne fortune, il éleva bientôt sa conquête au rang fastueux des premieres Laïs de Paris.

Un jour que j'étois allé promener mes chagrins au Boulevart, j'apperçus dans un superbe carrosse, un minois dont les traits causerent à mes regards une surprise qui suspendit tous mes sens. C'étoient ceux de Thérese. Je résolus de l'aborder à tout prix ; & , profitant de mon extérieur mince & délabré, je m'approchai de sa portiere, le chapeau à la main, dans la posture humble & suppliante d'un malheureux : Ma belle Princesse, lui dis-je, ayez pitié d'un pauvre jeune homme sans ouvrage, qui n'a pas le sou pour regagner son pays. Mademoiselle ***, car l'humble Thérese avoit disparu, laissa tomber fastueusement & avec un sang froid incroyable, une piece de monnoie dans mon chapeau. Ensuite détournant la tête, elle reprit, sans se troubler, l'entretien qu'elle avoit commencé avec quelques Petits-Maîtres qui s'empressoient à la portiere opposée. Ici j'interrompis, avec surprise, le récit de mon valet de chambre. Comment, cette malheureuse vous étoit connue, quand je vous ai envoyé chez elle ? Oui, Milord : mais je n'avois garde de lui rappeler mon ancienne bonne fortune. J'osois encore moins vous en parler, par une raison que vous allez entendre.

Je ne savois pas alors que, quelque obscurs que soient l'origine & les commencemens d'une courtisane, le torrent de leurs prospérités en amene si rapidement l'oubli, que du jour au lendemain elles n'ont aucun souvenir du passé, & tout d'un coup deviennent aussi insolentes que Thérese. J'ignorois encore l'inutilité & le danger qu'il y avoit à vouloir détromper un Petit-Maître, de la gloriole d'avoir commencé ces créatures. Je l'appris à mes dépens.

Le désir de me venger d'un aussi insultant mépris, dévoroit mon cœur ; je résolus de le satisfaire. J'épuisai mon imagination à trouver les moyens de m'introduire chez la ***. En me faufilant avec la livrée du Marquis, j'appris qu'il avoit besoin d'un Coureur. J'étois leste & bien fait : je résolus d'aller lui offrir mes services ; je fus reçu. J'atttendois avec impatience le moment où mon Maître pourroit me charger de quelques commissions pour ma perfide ; j'eus cette satisfaction dès le jour même de mon entrée. Plus rapide qu'une fleche, je volai aux lieux où j'espérois faire rougir une ingrate. Pauvre sot que j'étois ! je ne savois pas qu'il étoit plus facile de faire remonter un fleuve vers sa source, que de déconcerter une Catin. J'en fus pour un vain éclat, dont elle s'est moquée : inutilement je voulus persuader au Marquis quelle étoit sa Maîtresse. Je fus traité de coquin & d'imposteur ; & après une grêle de coups de bâton, je fus renvoyé, sur sa plainte, au donjon infernal où mes folles amours m'avoient déjà fait transférer.

J'y passai trois mois entiers. Pendant cette longue retraite, j'eus tout le temps de faire de férieufes réflexions fur ma vie paffée. Je me peignois le fort tranquille & fatisfaifant, dont ma bonne conduite m'auroit fait jouir dans la maifon paternelle. Je le mettois en parallele avec le train de vie miférable & humiliant d'un baladin errant, fans feu ni lieu, avec le rôle vil & faux d'un complaifant en petit collet. Je me peignois les crifes fâcheufes que ces deux perfonnages m'avoient attirées. Je réfolus de faire, à quelque prix que ce fût, ma paix avec l'Affeffeur mon pere, &, comme l'Enfant prodigue, de regagner *Riez*, un bourdon à la main.

Dès le moment même où je recouvrai ma liberté, j'exécutai un projet auffi louable. Je me mis en route, ignorant encore les dangers qui attendent un jeune homme fur un grand chemin. Je n'avois d'autre reffource pour gagner pays, que la bienfaifance des humains charitables que je rencontrerois. A quelque diftance de Lyon, je m'accoftai d'un gros homme qui
voyageoit

voyageoit à pied comme moi. Son humeur me parut franche & grivoise. Je lui fis mes confidences. Rien n'étoit si obligeant que lui. Il prit pitié d'un pauvre enfant de famille, & s'offrit à me défrayer tant que nous serions ensemble. Au point de séparation, me dit-il, sur la simple reconnoissance que vous m'en ferez pour que vos parens puissent m'en tenir compte, je vous fournirai de quoi vous rendre chez vous. J'étois enchanté du bon cœur de cet honnête homme, & je remerciai le Ciel d'une si heureuse rencontre. Arrivé à la couchée, mon compagnon fit servir ce qu'il y avoit de mieux dans le cabaret : il me fit aussi boire largement. J'étois un peu étonné de la magnificence du Pélerin ; mais ma jeunesse prévenant toute réflexion, je me livrai à tout ce qui lui plut. Avant de nous séparer, il me prêta généreusement dix écus, dont je lui signai une obligation, qu'il dressa lui-même comme il voulut ; car je n'y regardai point.

Quelle fut ma surprise, le lendemain matin, de me voir éveillé par un Sergent au régiment de ***, qui me signifia que j'étois engagé, & qu'il falloit partir pour joindre à Calais. Je reconnus alors combien j'avois été dupé par le perfide qui m'avoit tant cajolé la veille. Il ne fut pas possible de m'en défendre ; il fallut marcher. J'ai porté pendant trois ans le mousquet ; au bout de ce terme, Milord, ayant eu le bonheur de sauver Sire Charles d'un danger qui menaçoit sa vie, ce généreux Seigneur acheta mon congé. Je passai avec lui en Angleterre, & sur ma bonne conduite, il m'avoit placé auprès de vous. Je vous demande pardon, si je me suis laissé entraîner dans le chemin que je vous voyois prendre ; mais il ne m'appartenoit pas de vous faire des remontrances ; j'ai déjà eu l'honneur de vous le dire : dans le délire où vous étiez, vous auriez pu recevoir mes avis tout aussi mal que le Marquis. Encore plus détrompé que vous, des Catins, des

Joueurs, des Médecins sur-tout, la résolution de vous servir en honnête homme ne me coutera rien; & j'espere des bons témoignages que vous aurez à donner de moi, ainsi que votre oncle Sire Charles, ma réconciliation avec de pauvres parens à qui j'ai donné tant de chagrin.

La conclusion du narré du pauvre Provence m'attendrit infiniment. Comment ! disois-je en moi-même, un homme qui a été Comédien, petit-collet, grivois & esclave, a pu conserver dans son cœur le germe précieux du bien, pendant que cet autre mortel, indépendant & classé dans un ordre qui doit viser à l'estime par l'utilité & le savoir, fait volontairement le choix du vice ! La perversité naîtroit-elle donc avec nous ? Tous les jours on voit des exemples révoltans qui feroient pencher vers cette opinion, si l'on s'arrêtoit à une partie des êtres qu'on rencontre. Il étoit dix heures du matin, quand Bouillac se rendit à la prison. Il m'apprit que mon Banquier feroit face à toutes les dettes que j'avois contractées; que même on étoit occupé à empêcher que je ne fusse la dupe du complot formé entre Crochu & la ***. On soupçonne bien, poursuivit-il, quelqu'autre d'y avoir trempé; mais au reste, c'est le moindre mal qu'ils ont pu vous faire. Bouillac s'y prit alors de la maniere la plus délicate, pour me parler de l'altération de ma santé; mais il eut beau faire, je ne pus jamais me déterminer à lui faire un aveu sur cet article. Après avoir dressé l'état de mes dettes & de mes besoins, & pris un arrangement définitif avec M. G...., Bouillac & ce dernier me ramenerent dans mon appartement, à l'Hôtel du P.... R.... Je pris une résolution bien étrange. Honteux de ma conduite, honteux du mal dont je souffrois, j'ordonnai à Provence de tout disposer pour reprendre le lendemain la route de Calais. Milord, me dit-il, y pensez-vous? Oui, lui répondis-je, j'y pense très-fort: l'air de ce pays est empoisonné; je n'ai ni assez de raison, ni assez de force pour éviter la contagion. — Mais au moins, Milord, il faudroit vous donner le temps de.... — Non, interrompis-je brusquement, je n'ai rien à faire ici, rien ne peut m'y retenir. J'ai, au contraire, en Angleterre, à recouvrer l'estime de Sire Charles. Par l'aveu de mes extravagances inexcusables, je pourrai du moins le convaincre de mon repentir. La santé ni la vie ne me sont rien. Je veux absolument partir, & je jure de ne remettre le pied à Paris, que lorsque quelques années de plus m'auront mis en état de voir & d'agir en homme. — Je vois bien, Milord, qu'il faut obéir ; & sur le champ il mit la main à l'ouvrage.

XVe. JOURNÉE.

Sages réflexions sur une loi défectueuse. Adieu & départ.

PROVENCE avoit exécuté mes ordres ; mes malles étoient faites & placées sur mon carrosse, quand mon ami Bouillac arriva chez moi. Il avoit apperçu tous ces préparatifs en traversant la cour. Que veut donc dire ceci, Milord, dit-il ; vous partez donc ? Faut-il que vos véritables amis souffrent de la juste indignation que vous inspirent sans doute les hommes équivoques que vous avez rencontrés ? Soyez assez équitable du moins, pour vous donner le temps d'en connoître quelques autres ; j'ose vous répondre que vous les estimerez. Je répondis à Bouillac, en lui exposant le détail de quelques raisons qui me faisoient désirer de faire moi-même à Sire Charles la relation des fautes que je venois de commettre.

Je me donnai bien de garde de lui faire confidence d'un obstacle physique à mon départ, dont il auroit pu tirer parti pour me le faire différer.

Je n'alléguai que des motifs moraux. Bouillac les confirma par des réflexions. Convenez, Milord, me dit-il, quel abus criant que celui de livrer de bonne heure, à sa propre conduite, une jeunesse ardente & susceptible de toutes les impulsions qu'on voudra lui donner! Je me suis souvent étonné qu'il fût aussi commun chez une Nation aussi sage que la vôtre. C'est un abus bien plus grand encore, que d'exciter & d'armer son imprudence, & de mettre à sa portée des moyens de faire des folies éclatantes, en devançant l'âge de majorité. C'est entre vingt-un & vingt-cinq ans, que tant de jeunes Anglais, trop tôt maîtres de leur fortune, viennent perdre leur santé & dévorer leur patrimoine en France, d'une manière presque toujours aussi ridicule que scandaleuse. En reculant cette époque jusqu'à la vingt-cinquième année, combien d'extravagances ne préviendroit-on pas de leur part? A ce période de la vie, la différence d'un lustre apporte bien du changement dans une tête. Si l'on faisoit un calcul de ceux dont cette facilité prématurée de disposer de sa fortune & de ses actions a causé la ruine, on verroit que c'est sur elle seule qu'il faut rejeter les malheurs de presque tous. Vous brillerez sans doute un jour, Milord, dans le Sénat Britannique : j'espere que vous signalerez votre patriotisme, en proposant un acte aussi utile que celui qui mettroit la barriere de quelques années de maturité de plus entre la jeunesse & la folie. J'étois moi-même une preuve vivante de la vérité des idées de Bouillac, & trop convaincu au fond de mon cœur, pour ne pas raisonner comme lui d'après ma propre expérience. On pourroit, poursuivit-il, me savoir mauvais gré en France, de vous faire de pareilles réflexions : une partie des Citoyens industrieux de la Capitale, a fondé son existence sur le délire des Anglais. Plus d'un Economiste en a formé un capital dans la circulation, & vingt fois j'ai entendu dire qu'une fille de l'Opéra produifoit autant, par les prodigalités où elle entraînoit vos jeunes Seigneurs, qu'une manufacture entiere par fon exportation. Cette façon d'attirer l'or Britannique en France, n'entrera jamais dans mes principes, je vous l'avoue, Milord : j'aimerois mieux détruire le droit d'aubaine; vos vieillards ne craindroient plus de mourir ici. Ils viendroient prolonger leurs jours, en refpirant l'air pur de nos Provinces. Je crois, n'en déplaife à nos calculateurs des ruelles, que l'on gagneroit plus à vous faire vivre long-temps, qu'à vous ruiner vîte. J'efpere cependant, qu'avec un auffi bon efprit que le vôtre, vous n'aurez pas befoin d'attendre l'âge avancé, pour vous rendre aux amis que vous laiffez ici.

Bouillac me dit enfuite qu'il étoit convenable que j'allaffe prendre les ordres du Comte de *** & de fon ami le Chevalier de ***. Je l'y suivis avec empreſſement. M'ayant enſuite ramené chez moi, il ne me quitta qu'au moment où je montai en voiture, & nous nous féparâmes fort attendris.

J'avois Provence à mon côté : nous roulâmes juſqu'à Saint-Denis, ſans que j'euſſe proféré une ſyllabe. Il me ſembloit néanmoins reſpirer plus à mon aiſe, à meſure que je m'éloignois du ſéjour funeſte de Paris. L'amertume de la honte & du repentir ſe convertiſſoit, par degrés, en un ſentiment plus tranquille, en proportion de la diſtance que je laiſſois entre moi & le théatre de mes erreurs. En dépit des atteintes d'un mal qui, à chaque inſtant, me faiſoit rougir ſur ſa cauſe, le calme s'introduiſoit dans mon ame ; & du moment où les clochers de cette dangereuſe cité ſe perdirent dans le vague de l'air, je fus preſque rendu à ma premiere tranquillité. Il faiſoit un beau ſoir. Tout le long de la route je comparois les groupes innocens & joyeux des Moissonneurs que j'appercevois dans la campagne, à la valetaille oisive & fastueuse, & même à la bigarrure corrompue de tout étage dont Paris est empoisonné. Utiles & respectables Citoyens, disois-je en moi-même; quoi! c'est donc l'honnêteté, le travail & la vertu qui sement & qui cultivent, & le vice paresseux & insolent recueille & jouit! Quoi qu'il en soit, je préférerois mille fois vos maux & vos cabanes, à ses plaisirs trompeurs & à ses Palais fastueux. Ici, du moins, l'on ne rencontre point de Docteurs; on n'est pas joué par une ***; il n'y a ni *Chiffon* ni *Crochu*, & on n'en emporta jamais les souvenirs cuisans d'une ***.

Pendant que je m'abandonnois à ces réflexions, je volois déjà vers Amiens. La nuit n'interrompit point ma course, & je gagnai Calais sans m'arrêter. Je n'eus de véritable repos, c'est-à-dire, exempt de trouble & de nuages, que quand je fus arrivé à Douvres.

Le Lecteur vient de voir la chaîne & le tissu de mes foiblesses & de mes extravagances, pendant quinze jours de séjour à Paris. Quelque accumulées qu'aient été mes folies pendant ce court espace, il doit se rappeler, à chaque trait, celles que mes compatriotes ne rougissent pas d'y faire tous les jours. Il en trouvera même plus d'un, qui, dans la carriere des ridicules & des vices, me laisse bien loin derriere lui. Puissent-ils tous réparer un jour leurs fautes par leur repentir! Si je m'apperçois qu'ils goûtent la leçon qu'ils peuvent trouver dans l'aveu que je viens de leur faire, je la compléterai bientôt par le récit de mon second voyage à Paris. Je leur ferai voir, par le contraste de tous les égaremens que je viens de tracer, & du plaisir pur de s'améliorer & de s'instruire auprès des talens & des vertus, que le bien est aussi délicieux & aussi profitable que le vice est odieux & ridicule.

Fin du Tome premier.

TABLE
DES JOURNÉES
Contenues dans ce Volume.

PREMIERE JOURNÉE. De mon arrivée à Paris, & mes premieres connoissances dans cette Capitale. Page 1

IIe. JOURNÉE. Evénement décisif. 39

IIIe. JOURNÉE. Evénement du réveil. Visite singuliere & dangereuse. Duperie d'une autre espece. 69

IVe. JOURNÉE. Fâcheux réveil ; perte réparée en apparence seulement. 88

V^e. JOURNÉE. Agiotage ; grandes affaires ; dénouement fâcheux. 102

VIe. JOURNÉE. Réflexions ameres ; changement de scene. Visite honorable. Rechute. 110

VIIe. JOURNÉE. Suite des desseins amoureux. Entretien naïf d'une Courtisane exaltée avec un Serviteur adroit. Singulier traité. 134

VIIIᵉ. Journée. Tableaux ; compositions d'un Peintre célebre ; moralités piquantes ; Comédie Française ; Réflexions sur Shakespear & Moliere. 155

IXᵉ. Journée. Nouvelle connoissance. Course de chevaux. Rencontre d'un personnage singulier. 172

Xᵉ. Journée. Il ne faut jamais compter sans son Hôte. 182

XIᵉ. Journée. Nouvelle sottise. Espérance trompée. 190

XIIᵉ. Journée. Prudence du Docteur ; sa retraite. 199

XIIIᵉ. Journée. Surcroît inattendu de malheurs. Disgrace amere. Consolation. Rencontre singuliere. 203

XIVᵉ. Journée. Ce que c'étoit que mon Provençal. Ma sortie de la prison. 223

XVᵉ. Journée. Sages réflexions sur une loi défectueuse. Adieu & départ. 246

Fin de la Table du Tome Iᵉʳ.

www.ingramcontent.com/pod-product-compliance
Lightning Source LLC
Chambersburg PA
CBHW070646170426
43200CB00010B/2141